# 其實作文並不難

林藍老師◎主編

「快樂作文」中，始終貫穿著——「想寫就寫，作文也好玩」的教育理
並將許多有趣的情景融入到作文書的編排之中，
有生動好玩的故事，輕鬆有效的方法，動手動腦的遊戲，
還有奇幻有趣的魔法呢！
讓你不僅能看到優秀的作文，還能融情入景。

# 前言

「快樂作文」中，始終貫穿著——「想寫就寫，作文也好玩」的教育理念，並將許多有趣的情景融入到作文書的編排之中，有生動好玩的故事，輕鬆有效的方法，動手動腦的遊戲，還有奇幻有趣的魔法呢！讓你不僅能看到優秀的作文，還能融情入景地和故事、遊戲一起開心互動。

「快樂作文」系列展現給你的是一個全新的作文世界；作文是提筆就有可寫之物；作文是情感宣洩的閘門，作文是跳躍思維的閃光；作文是記錄一切美好與醜惡、哀傷與快樂、幼稚與成長的腳印。孩子會從書中發現很多東西都是自己經歷過的，也是自己可以寫的，為什麼不拿起筆來試一試呢？其實自己也能寫出好作文的。從而讓孩子由不喜歡寫，到願意表達，到把想表達的內容準確地表達出來，給孩子帶來一種寫作的成功體驗！

來吧，讓我們一同感受作文的快樂。

# 人物介紹

## 馬小跳

十足一個淘氣包，成績雖然不是頂瓜瓜，但思路新奇，想像力豐富，得到很多人的喜歡。

## 林藍老師

林藍是梔子花的別名，在馬小跳眼裡，林藍老師簡直就是梔子花仙子。她不僅美麗，而且充滿智慧，是馬小跳心中最完美的寫作老師。

## 丁文濤

班級幹部。成績好，但喜歡炫耀。張嘴就吐出一大串成語來，是個「十足」的成語大王。

## 路曼曼

路隊隊長，馬小跳的同桌。寫作能力極強，深得老師喜歡，但與馬小跳是一對冤家。

# 目錄

## 第一單元 看圖作文

# CONTENTS

## 第二單元 寫寫身邊的人

# 目錄

## 第三單元 20年後的……

# CONTENTS

## 第四單元 最讓我感動的

# 目錄

## 第五單元 美麗童年

# CONTENTS

## 第六單元 我發現……

# 目錄

## 第七單元 文章縮寫

# CONTENTS

## 第八單元 想說就說

# 目錄

## 第九單元 漫話漫畫

# CONTENTS

## 第十單元　建議我來提

# 目錄

第十一單元 難忘的……

# CONTENTS

## 第十二單元　關心「環保」

# 目錄

## 第十三單元　給遠方親友的一封信

第一單元

# 看圖作文

## 點亮星空

仔細觀察文中的圖畫，看一看上面畫了些什麼，再聯繫實際，開動腦筋想一想：圖畫中的小姑娘在幹什麼，她為什麼要這麼做，從她的衣著我們可以猜到什麼？

## 思路流星雨

這還不是一目了然啊，一位學生在教師節給她敬愛的老師獻花！

你怎麼知道那天是教師節呢？

說你笨還不承認呢！沒看到日曆上的日期是9月28日啊！

我：＿＿＿＿＿＿＿＿＿＿＿＿＿＿＿＿＿＿＿＿＿＿＿＿

# 禮物

朱思遠

九月二十八日的清晨，朝霞把天空染紅了，路旁的小樹在微風中搖擺著身體，好像在向老師問好；樹上的小鳥「唧唧」地叫著，好像在為老師歌唱。

路上，有一個小女孩，身穿粉色的上衣，脖子上繫著鮮豔的圍巾，揹著書包，手捧著一束鮮花，笑咪咪地一蹦一跳地向學校走去，這個小女孩就是小玲。

小玲走進學校，校園裡靜極了，偶爾聽見幾聲清脆的鳥叫聲。她來到辦公室的窗戶前，辦公室裡靜悄悄的，一個人影都沒有。辦公桌上擺放著一個地球儀，一個用過很多年、裡面插滿筆的筆筒。筆筒旁有一瓶沒蓋蓋子的紅墨水。小玲看見老師的國文課本打開著，上面寫著密密麻麻的字，便知道老師昨晚備課到深夜，一定很累了。看，她連眼鏡都沒收好，還架在書上……老師

啊，老師，多少個夜晚，您戴著老花眼鏡，一手拿著筆，一手按著書本，認真地備課、批改作業……想著想著，小玲的眼睛濕潤了。

小玲輕輕地拉開窗戶，從手中的一簇花中挑選了幾枝野菊花，然後把手伸進窗口，小心翼翼地把花插入筆筒裡。頓時，一陣使人神清氣爽的清香飄過來。小玲高興極了，心想：老師肯定會喜歡。正在這時候，從走廊傳來「咚咚咚」的腳步聲，小玲知道老師來了，便帶著微笑轉身向教室走去。

這時，太陽出來了，陽光透過樹縫射進辦公室，照在那束野菊花上，花兒顯得更豔、更美了。

### 林藍老師的話

這篇作文成功的地方，在於作者刻畫出一個活潑可愛的女孩小玲的形象，並且通過正面描寫她對老師的敬愛之情，側面反映出老師的受人愛戴。文章的景物描寫也十分出色，再現了節日的早晨校園內外美麗動人的景色，從而有力地烘托出人物美好的心靈和良好的社會風尚。

# 師生情

翁明科

今天是教師節。小紅一早起來吃過早飯，揹上書包，拿起早就準備好了的鮮花向張老師的宿舍跑去。

她輕輕地推開虛掩的房門，叫了聲：「張老師！」沒人應聲。「今天是教師節，張老師會到哪兒去呢？」她也顧不得多想，趕緊走進去，把那束剛剛摘下來的鮮花插在書桌上的筆筒裡。室內陳設很簡單，窗帘也褪了色，書桌上僅有一個地球儀和一枝筆、日曆以及那副熟悉的眼鏡。當她要出去的時候，看見門背後貼著一張紙條，上面寫道：「若有來訪者，請午休再來。」

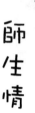

「一定又是給學生輔導去了。」小紅心裡想，因為張老師總是這樣做的。

張老師從事教育工作二十多年。她沒沒無聞地耕耘，歲月留給她的是皺紋、白髮以及這個樸素的家。但她講的課同學們最喜歡聽，天南地北，無處不至，物產、礦藏無所不有，娓娓道來，使人入迷，同學們都希望有一天像她那樣走上講臺，該有多好。記得她給同學們上第一節地理課，她帶了個「球」進來，講得很仔細，同學們也聽得很認真，從那時起，同學們才知道了什麼叫「地球儀」。直到後來，大家才知道這是她自己掏錢買的。

小紅回想起張老師那次給她補課的情景，禁不住鼻子一酸，眼淚像斷了線的珠子一樣直往下落。那是兒童節前夕，小紅生病躺在家裡，外面下著傾盆大雨，再隔二十多天就要參加升學考試了，現在耽誤了課程怎麼考試呢？小紅的心裡真像貓兒在抓，十分著急。這時，響起了一陣急促的敲門聲，媽媽把門打開一看，原來是張老師，她已經淋得像一隻落湯雞了，小紅的媽媽急忙拿來乾毛巾給張老師擦雨水，可張老師並不急著擦雨水，而是拿出課本給小紅補課。這天晚上，張老師八點鐘才回家，以後每天如此。小紅的功課一點兒也沒退步，考試考了全班第四名，可張老

師卻因為淋雨加上過度勞累而住進了醫院。

在張老師和其他老師的教導下，小紅和她的同學都考上了理想中學。

想著，想著，小紅回過頭來望著這束鮮花，她覺得張老師兢兢業業、一絲不苟的教學精神，關心愛護學生的高尚品質，不正像這束鮮花一樣美、一樣香嗎？

## 七嘴八舌

通過簡簡單單的一幅畫，聯想到這麼多內容，真是厲害呀！

看圖作文不是光聯想就寫得好的，關鍵是要在認真觀察的基礎上合理地發揮想像。

這篇作文構思細膩，想像大膽而合理。結構的把握也很到位，做到了重點突出，詳略得當，值得學習。

# 兒子去應聘

〈標題「兒子去應聘」可改為「永遠在父親背上的孩子」〉

兒子去應聘，老爸卻受苦！兒子長得像個球，胖嘟嘟的，嘴裡還有個奶嘴，左手還抱著一瓶好酒呢！而他的父親呢？一副細長細長的身子骨，戴著一副老花鏡，長著一撮鬍子。你想想：揹著一個是自己重量五、六倍的東西〈我懷疑有三、四百斤重〈「三、四百斤重」過於誇張，不符合生活實際〉〉，他能撐得住嗎？我很為他擔憂！

我敢打賭：這兩人一進去就會給總經理當頭一棒，總經理馬上暈過去，後來一定被〈這一段屬於作者設想的情景，所以語氣不宜過於肯定，可改為「很有可能……」〉保全人員轟出了大門！

聽了後，你一定會覺得這是一件非常離奇的事。但是，你錯了，這很可能是世界上千萬個家庭裡正在發生的事！你不相信也不行，也可能你自己就是這樣！我並不是單指世界上的所有孩子，還包括著那些遷就兒女的父母，孩子和父母都有錯！**〔這段表述有些邏輯混亂，令人費解。〕**

我們先來說說父母的錯。從孩子出生，父母就開始遷就孩子！給孩子買很多嬰兒玩具，但等孩子玩厭了後，又會要父母買別的玩具，這樣，父母就會不停地消費，金錢都扔到了垃圾桶裡，很浪費！結論：父母因為玩具浪費了很多金錢，還在孩子的心中築起了一堵依賴父母的小牆**〔可改為「播下了依賴的種子」〕**。當孩子在學習時期，**〔「當孩子在學習時期」用在文中過於拗口，可改為「孩子讀書後」。〕**他們就會去購買時尚的物品，去追星，成為追星族……消費會更多！結論：這是浪費了自己的錢讓孩子去做無意義的事，並讓孩子的心中築起了一座依賴的城門**〔可改為「依賴的種子發了芽」〕**。長大成人後，父母一樣也得遷就孩子，因為自己老了，孩子的翅膀長硬了，怕自己孩子打或罵自己！而且孩子的消費量會更大。結論：父母傷心地逝去，孩子的心中築起了一座皇宮和房子，成了一座城池，名為

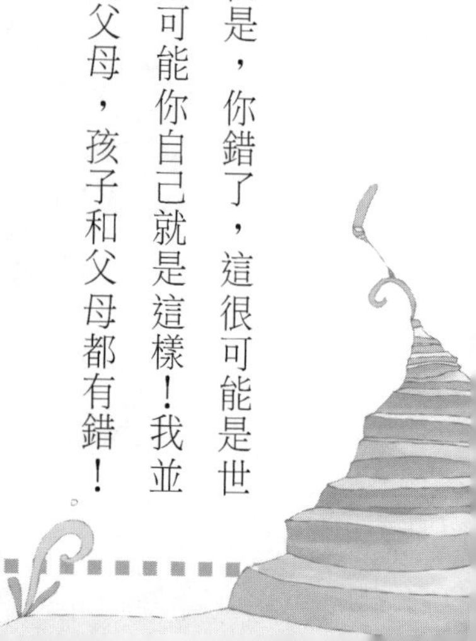

「依賴城」！等待孩子的可能只有路邊乞討！

再說說孩子的錯。孩子其實有能力抵抗父母的行為，只要每當父母問你要不要某某東西時，你只消說一聲，「不用了。這些錢你們自己留著用吧！」長大之後，你也會成為一個有前途有出息的人，可以在社會上立足的人！

其實我也有這種不良行為，我看見有同學穿直排輪，我於是也要父母買了一雙，很酷！我雖然酷，但在我的心中，「依賴城」正在漸漸擴大，父母的錢也在輪印下消失！

千千萬萬的父母與孩子，你們不能成為那圖中的父子，那永遠在父親背上的孩子，那永不休息的父親！

# 海魂

亞歷山大・基蘭

世界上，最浩大的是海，最有耐心的也是海。海，像一隻馴服的大象，把地球上微不足道的人馱在寬闊的背上，而浩瀚淵深的、綠綠蒼蒼的海水，卻在吞噬大地上的一切災難。如果說海是狡猾的，那可不正確，因為它從來不許諾什麼。它那顆巨大的心——在苦難深重的世界上，這是唯一健康的心——既沒有什麼奢望，也沒有任何留戀，總在平靜而自由地跳動。

人們在海浪上航行的時候，大海唱著它那古老的歌兒。許多人根本不懂得這些歌兒。不過，對於聽到這種歌聲的人來說，感覺是各不相同的。因為大海對每一個迎面相逢的人，用的是各種特殊的語言。

對於正在捕捉螃蟹的赤足孩子，綠閃閃的大海露出一副笑臉；在輪船前面，大海湧起藍色的狂濤，把清涼的、鹹味的飛沫拋上甲板；在海岸邊，濃濁的灰色的巨

浪碰得粉碎；人們睏乏得眼睛久久地望著岸旁灰白色的碎浪時，長條的浪花卻像燦爛的彩虹，正在沖刷平坦的沙灘。在驚濤拍岸的隆隆聲中，有一種神祕的意味，每一個人都想看自己的心事，肯定地點一點頭，似乎認為海是他的朋友——這位朋友什麼都知道，什麼都記得。

然而誰也不明白，對於海邊的居民來說，海究竟是什麼——他們從來沒有談到過這一點，儘管在海的面前過了一輩子。海既是他們的人類社會，也是他們的顧問；海既是他們的朋友，又是他們的敵人；海既是他們的勞動場所，又是他們的墳墓。因此，他們都是沉默寡言的。海的態度起了變化，他們的神色也跟著變化，——時而平靜，時而驚慌，時而執拗。

可是，讓這樣一個海濱居民遷到山裡或者異常美妙的峽谷裡，給他最好的食物和十分柔軟的臥鋪——他是不肯嘗這種食物，也不願睡這種臥鋪的。他會不由自主地從一座山崗攀上另一座山崗，直到很遠很遠的地平線上露出一種熟悉的、藍色的東西。那時候，他的心會愉快地跳動起來，他會盯住遠處一條亮閃閃的藍色帶子，直到這條帶子擴大成為碧藍的海面。但是，他一句話也不說……

——選自《外國名著精選》

## 星光寶盒

和藹　嚴謹　教誨　風趣

隨和　淡雅　溫馨　慈祥

清香撲鼻　沁人心脾　循循善誘　苦口婆心

以身作則　嘔心瀝血　勤勤懇懇　殷切期望

語重心長　潛移默化　伏案疾書　百問不倦

生活裡沒有書籍，就好像沒有陽光；

智慧裡沒有書籍，就好像鳥兒沒有翅膀。

——莎士比亞

星際新體驗

## QQ妙語

(1)如果漂亮是一種罪，我已經罪惡滔天；
如果瀟灑是一種錯，我已經一錯再錯；
如果聰明應該受懲罰，我豈不是要千刀萬剮。

(2)我不能左右天氣，但我可以改變心情；
我不能改變容貌，但我可以展現笑容；
我不能控制他人，但我可以掌握自己；
我不能預知明天，但我可以利用今天。

第二單元

# 寫寫身邊的人

## 點亮星空

在你身邊，有愛護你的爸爸媽媽、爺爺奶奶，有誨人不倦的老師、校長，有活潑可愛的小夥伴，有……從中選取一個你認為最值得介紹給大家的，講講他（她）的故事！

## 思路流星雨

這可有些麻煩！是寫貪玩老爸呢，還是寶貝兒媽媽，或是丁克舅舅？

丁文濤，我寫你，好不好？

可以！但是必須寫得一表人才、風度翩翩、溫文爾雅、飽讀詩書、舉世無雙、空前絕後……

我：________________________________________

# 我的奶奶

張　婧

不知怎的，這幾天我怎麼也打不起精神來，心裡發慌，坐臥不安，好像要發生什麼事似的。

終於有一天，鄉下老家的姑姑打來電話：奶奶又病了，住進了醫院，生命垂危。聽到這不幸的消息，我只覺得天旋地轉，彷彿一盆冰冷的水從頭澆到腳。望著遠處那一輪火紅的太陽就要落山時的蒼涼景象，我的視線漸漸模糊了……

十二年前，不足月就出生的我，是一個

頭髮稀黃，瘦弱得猶如一個輕飄飄的稻草人似的孩子。奶奶見到我這般模樣後，心疼極了，要把我從張掖接到她家。雖然奶奶是眼科教授，但生活並不是太富裕。奶奶執意要把我帶到蘭州，那兒畢竟比張掖這個邊遠小城好。

到了該上幼稚園的年齡，奶奶把我送進幼稚園。路雖然不遠，奶奶卻堅持天天接送我。記得有天下午，天突然烏雲密布，一陣大風過後，就嘩嘩地下起雨來。雨下得真大，落下千萬條水簾，一會兒，匯成了一條條小溪流。茫茫雨簾中，有一個人影，邁著蹣跚的腳步。可以看出，她已盡了自己最大的努力快步走著。那人影越來越近。啊，那不是奶奶嗎？我快步跑過去把頭埋在奶奶懷裡。奶奶用她那溫暖而柔軟的手，心疼地撫摩著我濕漉漉的頭髮，一個勁地念叨來遲了。一路上，奶奶總是把雨傘往我這邊推，而自己的一隻胳膊卻被雨淋透了……

到了上小學的年齡，我回到了張掖。十一歲時，我參加了首次書法大賽並獲得了第三名，作品入選本次大賽所編《今古墨緣書法擷英》一書。我興奮極了，本要告訴奶奶，奶奶卻患了腦溢血，昏迷不醒。望著奶奶乾枯得猶如一具標本似的身軀和深凹的兩頰，我鼻子一酸，淚珠不由自主地滾落下來，落在我與奶奶緊握著的手

上。

我尋覓著奶奶從前的影子，回想著與奶奶朝夕相處的幸福美好的情景。那時，我可以滾在奶奶懷裡撒嬌，可以拉著奶奶上街買漂亮的衣服，買我喜歡吃的東西，可以無拘無束地同奶奶耍嘴皮……可是現在，這一切都沒有了。我多麼希望奶奶能恢復健康，像以前那樣精神飽滿，那樣疼我、愛我……

## 林藍老師的話

文章好在一個「情」字，勝在一個「真」字。作者以倒敘的手法，通過回憶的方式，既刻畫出了愛孫心切的奶奶的形象，又自然地流露出自己對奶奶的感激之情和對其健康的擔憂之心，字字真情，句句感人！

# 真假施老師

梁寬

我們的教室前有座美麗的噴水池，水池裡有一隻石龜，一年到頭噴著各種形狀的水柱，變幻莫測，真神奇。

一天放學，我恍惚覺得石龜嘴裡的水柱噴得有些異常。過了會兒，水不噴了，吐出一顆閃著奇異光芒的寶珠。石龜的小眼睛眨巴著，發話了：「孩子，過來，摸一摸這寶珠，就能幫助你實現願望！」我似信非信，伸手去摸，感到手上一陣麻，再看時，寶珠沒了，石龜又噴起水柱。「大概是幻覺吧。」我咕噥著離開了石龜，回家了。

第二天，因為施老師要出去開會，國語課改上自習課。同學們都很失望，我想：要是施老師能來上課就好了。正想著，走廊裡傳來了腳步聲，只見施老師捧著一疊書，急急忙忙地走進教室。同學們都高興得鼓起掌來。施老師笑了笑，開始上

課了。施老師一會兒帶我們有聲有色地讀課文，一會兒在黑板上畫圖，幫助大家理解，一會兒又啟發大家展開想像的翅膀……快要下課了，突然「咚咚咚」從門外急速走進一個人，同學們一看，傻了眼：怎麼又來了一個汗流浹背的施老師？兩個長得一模一樣的施老師相互看了一會兒，也都愣住了。同學們七嘴八舌地議論開了，這個說講臺邊的是真的，那個說門口的是真的。有的說：「施老師的字寫得好，就請他倆在黑板上寫字。」奇怪的是，兩人的筆鋒、結構和速度都一樣。於是又請施老師畫畫，施老師最拿手的是畫李白，可兩個施老師畫得一模一樣，只是其中一個稍慢了些，這又能說明什麼呢？

唉，到底誰是真的施老師呢？陳鷺鷺提議：讓施老師面向黑板，猜猜說話的同學是誰。這個主意好，大家都一致贊同。於是兩位施老師面向黑板，劉瀟竹問：「我是誰？」「你是劉瀟竹！」門口的施老師應聲而答。「我是誰？」成昭華問道。「你是……是……」講臺邊的施老師支支吾吾地答不出來。

「啊，你是假的！」同學們對著講臺邊的施老師喊著。這時，我忽然想起石龜的話，想起那奇異的寶珠，一下明白過來，於是默默地央求石龜：快，快，讓假施

老師消失吧！門口的施老師正伸手去握假施老師的手，假施老師一下子消失了。

「同學們，你們真聰明。」施老師微笑著稱讚我們。

「不，是您太熟悉、太了解我們了。」大家齊聲回答。

## 七嘴八舌

兩個一模一樣的「施老師」！真好玩，和《西遊記》裡的「真假師傅」那一集一樣！

「點子」真高，通過一個帶有神話色彩的故事情景，創設了這樣一個奇特的場面。真假「施老師」的鬥法既展示了施老師教學方面的才華，又表現了師生之間的默契。

可謂「隨風潛入夜，潤物細無聲」。

# 哥哥打工記

我的哥哥都二十五歲了，仍然沒有找到一個合適的工作（**是什麼原因導致哥哥找不到工作呢？應該列舉出來**）。媽媽、奶奶、叔叔，幾乎全家都勸他去打打工，先學點經驗，好為以後做準備。還真沒想到，平時貪吃懶做（**哥哥的「貪吃懶做」具體表現在哪些方面？**）的哥哥竟然答應了。我心中暗自好笑：自不量力，回來時一定瘦得和一支鉛筆差不多。第二天早晨，大姨媽眼中含著熱淚，依依不捨地送走了哥哥，臨走前哥哥還挺高興，說：「沒關係，二〇〇五年我一定回來。」媽媽也拿出了省吃儉用的四〇〇〇塊錢，說：「這四〇〇〇塊錢給你，一定不要亂花。」哥哥一聽，表情立即由晴轉陰，「這怎麼能行，您快收回去！」「你就拿著。」媽媽的語氣變得堅定起來。我一向討厭哥哥，看到他這副模樣，更是覺得噁心：口是心非，別以為你嘴上說不要，我就不知道你內心在想什麼。哥哥果真無可奈何地接了錢。「我就知道你會接，你回來的時候，看我怎麼修理你。」我自言自語道。

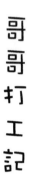

過了兩年，哥哥在外地仍音訊全無，全家人焦急得像熱鍋上的螞蟻，生怕哥哥出了事。我卻心花怒放：省得我和妹妹總遭到他的「耐心教導」（**「耐心教導」未做交代**），真麻煩。

今年二月，我們全家正坐在餐桌旁吃飯，突然，一陣敲門聲傳入我們的耳中。「飛毛腿」妹妹連忙跑去開了門，隨著就是「哇」的驚叫聲。我被嚇得筷子從手中掉了下來。好奇鬼（**應加上引號**）弟弟立刻跑了過去，大叫了一聲：「哥哥回來了！」除了我以外，全家人都跑了過去，噓寒問暖，好像見到了偶像。「有什麼稀奇的，不就是哥哥回來了嗎，又不是遇見了大元寶。」我一邊夾著菜，一邊說。哥哥坐到了沙發上，我發現哥哥的穿著並沒有變，可是身上卻多了一部「諾基亞」手機，手上提著一台筆記型電腦。接著，哥哥告訴了我們，他到孝感打工後，就開始拿媽媽的四〇〇〇塊錢學習電腦軟體課程。過了一年，一家大公司的老闆聘請他擔任電腦程式編排的主管，每月工資有四〇〇〇〇多元。（**沒有描述哥哥的打工經歷，人物形象不夠真實豐滿。**）

大家聽了十分欣慰，就在這時，哥哥像變魔術似的，從背包裡拿出兩個洋娃

娃、一輛迷你遙控車和四〇〇〇塊錢，說：「這錢是給姑媽的，謝謝她對我的幫助，這兩個洋娃娃送給我兩個妹妹，這輛小賽車送給弟弟。」大姨媽**〔何時跑出來的沒有交代〕**高興地流下眼淚。我對哥哥的討厭，也隨之變成了敬佩。**〔哥哥的轉變缺少交代，所以難以捕捉到文章的主題。〕**

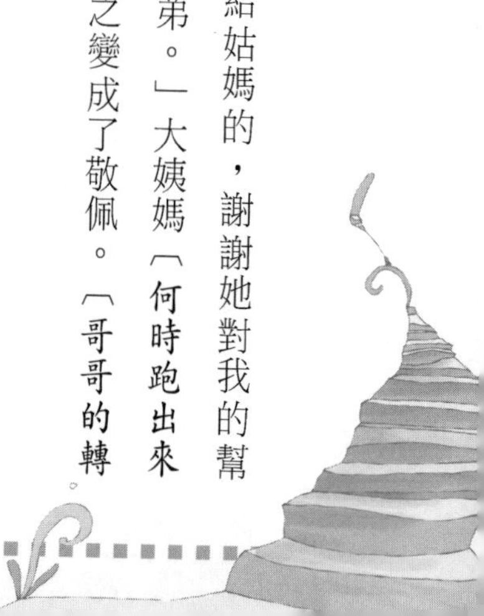

# 高貴的補鞋匠

阿尼·瑪利尼

在巴黎古老的瑪黑區，有一個上了年紀的補鞋匠，我拿鞋子去請他修補，他先是對我說：「我沒空。拿去給大街上的那個傢伙吧，他會立刻替你修好。」

可是，我早就看中他的鋪子。只要看他工作臺上放滿了的皮塊和工具，我就知道他是個巧手的工藝匠。「不成」，我回答說：「那個傢伙一定會把我的鞋子弄壞。」

「那個傢伙」其實是那種替人即時釘鞋跟和配鑰匙的人，他們根本不大懂得修補鞋子或配鑰匙。他們工作馬虎，替你縫一回便鞋的帶子後，你倒不如把鞋子乾脆丟掉。

那鞋匠見我堅持不讓，於是笑了起來。他把雙手放在藍布圍裙上擦一擦，看了看我的鞋子，然後叫我用粉筆在一隻鞋底上寫下自己的名字，就說道：「一個星期後來取。」

我將要轉身離去時，他從架子上拿下一隻極好的軟皮靴子。

他很得意地說：「看到我的本領嗎？連我在內，整個巴黎只有三個人能有這種手藝。」

我出了店門，走上大街，覺得好像走進了一個簇新的世界。那個老工匠彷彿是中古傳說中的人物——他說話不拘禮節，戴著一頂形狀古怪、滿是灰塵的氈帽，奇特的口音不知來自何處，但是他對自己的技藝深感自豪。

在現代社會裡，人們只講求實利，只要有利可圖，隨便怎樣做都可以。人們視工作為應付不斷增加的消費的手段，而非發揮本身能力之道。在這樣的時代裡，看到一個補鞋匠對自己一個做得很好的工作感到自豪，並從中得到極大的滿足，實在是難得遇到的快事。

出色的工作就是高貴的榮銜。一個認真而又誠實的工匠不論做哪一門手藝，只要他盡心盡力，忠於職守，除了保持自尊之外別無他求，那麼，他的高貴品質實不下於一個著名的藝術家。世上沒有世襲相傳的貴族，做人堂堂正正才是唯一真正高貴的人。

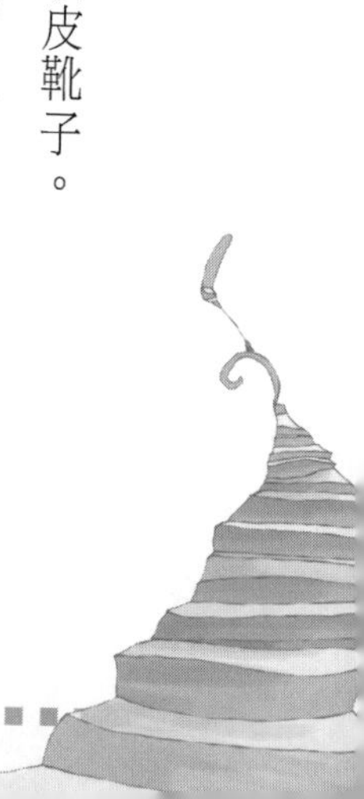

——選自《我沒有釣住那條魚》

## 星光寶盒

靈秀　文靜　俏麗　粗壯　堅實　枯瘦　消瘦　端莊

面帶稚氣　容光煥發　其貌不揚　眉開眼笑

愁眉緊鎖　抿嘴一笑　伶牙俐齒　兢兢業業

步履蹣跚　爭強好勝　慷慨大方　白髮蒼蒼

益者三友，損者三友。
友直、友諒、友多聞，益矣；
友便辟、友善柔、友便佞，損矣。

——孔子

星際新體驗

# 恐龍為什麼會滅絕？

恐龍從兩億多年前的中生代三疊紀起，就佔據了地球上海洋、陸地和天空的大部分空間。牠們是當時地球上最大和最主要的動物。陸地上有恐龍，海洋中有魚龍和蛇頸龍，空中有飛龍和翼手龍。地上恐龍最重，約五十噸重，空中飛龍最大，張開翅膀有六公尺長。

然而，恐龍在地球上「統治」了一段漫長的時間之後，卻突然在新生代全部消失了，代之而起的是哺乳

動物。這是什麼原因呢？中生代時，地球上氣候溫暖，陸地上到處都有湖泊和沼澤，植物茂盛豐富，動物繁多，這為爬行動物提供了充足的食物。於是恐龍們越長越大，牠們的身體構造和生理狀態都很適應當時的環境。到了中生代末期，距今約六七〇〇萬年前，地球上發生了巨大的變化，地殼運動強烈，火山噴發，隨之氣候也發生了變化，進而影響植物的生長。因此，恐龍不能適應新的環境，以致全部死亡。

第三單元

# 20年後的……

## 點亮星空

回憶，讓人感到美好而甜蜜；展望，讓人充滿希望和動力！設想一下：20年後，你們會是什麼樣子？20年後，學校和家鄉會發生怎樣的變化？20年後……

## 思路流星雨

20年後，我會是一名舉世聞名的文學家，而且拿到國際大獎。

20年後，上學再也不用揹書包，放學再也不用做作業，再也沒有考試，再也不用背書……

廢話，20年後我們就30歲了，根本不用上學啦！

我：＿＿＿＿＿＿＿＿＿＿＿＿＿＿＿＿＿＿＿＿＿＿＿＿

# 20年後的我家

陳墨

20年後的我家就是一棟科技住宅了。

先看我們家的車庫吧！那裡邊停著三輛汽車呢！到了家門口，除了一扇堅固的門外，其他都是有五〇〇伏特的電磁防護欄。我到門下，把遙控器按了一下，門便開了。

我家的後面便是農場，農場裡有狗、牛、馬、羊，還有幾十棵樹木。進了房子，就來到了客廳。客廳裡最顯眼的是那台超級大彩電。它足有一個書櫃那麼大，同時可以播放六個頻道的節目，還可以上網。要是你想成為一名駭客的話，就可以戴上

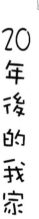

一個虛擬頭盔，它可以讓你在網路世界的每個地方遨遊。客廳保全系統十分巧妙，它的位置在一個開關按鈕邊，已偽裝成了一個紅色按鈕，只要按下去，刑警會在2分鐘內趕到。

最大的房間要數廚房了。廚房不但可以做飯菜，還可以通過管道購買商品。另外還有咖啡區和小吃廳及喝茶小屋，咖啡區不但有純正的咖啡，還有新鮮牛奶，夏天還有用家裡後院種的草莓、蘋果、西瓜、葡萄等做成的霜淇淋和飲料。小吃廳裡有很多有名的食品，如香腸、油炸雞腿、披薩、義大利麵等。喝茶小屋呢，一進來就知道這是用樹根和上等木材做的小屋。裡面有好幾種名茶，比如龍井、鐵觀音、大紅袍等。廚房的電器也十分先進，比如桌子微波爐，在你吃飯時只要飯涼了桌子就會感覺冷，便不管你同不同意就用無害的微波將整碗飯加熱。

而洗衣機器人呢，只要你在家的任何一個地方脫下了髒衣服，中央電腦立刻對洗衣機器人發出指令，它就會馬上來到衣服旁邊，伸出一隻機器手夾住衣服，放入自己的洗衣機肚內。不一會兒就可以洗好衣服，烘乾衣服。

我的畫室是用米開朗基羅畫的教堂來裝飾的，上面貼著梵谷畫的向日葵以及馬

蒂斯和畢卡索的名畫的複製品，還有幾尊仿造羅丹、米開朗基羅的雕塑，以及斷臂的維納斯和美人魚等。我畫畫的桌子有四張，一是油畫桌子，二是國畫桌子，三是想像畫桌子，四是電腦三Ｄ動畫設計桌。如果我今天做事細緻，就可以在油畫桌上大顯身手；如果我今天心情舒暢，就可以在國畫桌前一顯豪情；如果今天我頭腦清醒，便可以在電腦上創造三Ｄ動畫；如果我今天無事可幹，便在想像畫桌上大打一次「戰爭」。

我家的浴室也有它的風味，比如馬桶不但可以根據四季變化而調整溫度，讓人們使用時更方便。還有馬桶的報警器也設計得十分隱蔽，它在控制馬桶溫度的鍵盤上，只要按動它，不但可以報警，還能對侵犯者搞一些惡作劇。

除了這個以外，洗手間裡還設有防水的卡拉ＯＫ，可以一邊上廁所一邊唱，也可以一邊洗澡一邊唱。裡面的水龍頭只要手一伸就會來水，而且會根據現實溫度湧出不同溫度的水。

臥室則更有趣，每天早上一起床，床上的機器手便立即把被子疊好，然後拿來拖鞋。晚上到了睡覺時間，機器手便不管你睡不睡得著，一把摟住你按倒在床上。

如果你睡不著，它就會撥放安眠曲，安眠曲如果沒用，天花板上會突然掉下個老大的氣錘一下下地敲打你，直到你睡著為止。

### 林藍老師的話

讀完這篇想像豐富、創意奇特的文章後，是不是有點迫不及待地想參觀一下這座「20年後的我家」。作者緊緊圍繞「科技住宅」這一中心展開想像，按照「車庫——農場——客廳——廚房——畫室——浴室——臥室」這樣的順序，一一設計了20年後「我」家的模樣。想像奇特而合理，語言生動而活潑，不僅體現出高科技的特點，而且富有童趣。

# 我到了22世紀的地球上

尤為

早就聽說二十二世紀是超高科技資訊時代，對之仰慕已久的我，一天乘坐著時光飛船來到了二十二世紀的地球上。

我興致勃勃地下了飛船，卻看見了令人難以想像的情景：土黃色的天空像一口沉重的大砂鍋罩在頭頂上，天上不斷地飄落著黃沙；太陽沒精打采地懸在天空，似乎已經疲倦不已。真熱啊！我的身上彷彿火燒火燎。我攜帶的溫度計的紅色標誌已經指示到五十三℃。空氣裡彌漫著難聞的化學藥品的味道，令我頭暈目眩，嗆出了眼淚。地面踩上去像石頭一樣的硬。「呼——」一陣卷著黃沙黑土的風暴肆無忌憚地吹來，把我拋上了天空，半天才落下來。

我看見一片焦黃的土地上，橫七豎八地躺著魚、蝦的骨架，它們的骨頭都鼓起一個個白瘤。也許以前，這兒曾是一條清澈見底的小河流，裡面快樂地生存著一群

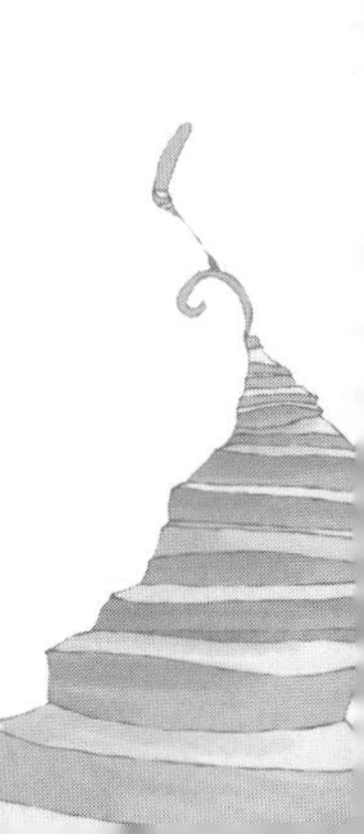

水生「小精靈」。

走著，走著，只見一群群衣衫襤褸、頭髮脫落者，佝僂著背，到處尋找白土和動物殘體吞食。他們一個個骨瘦如柴，目光呆滯，木訥訥地，似遊魂一般飄來蕩去。

這就是二十二世紀的地球和人類嗎？難道我走錯了路？

當人們知道我是從二十一世紀來的人，都朝我這邊聚攏來。「她就是二十一世紀的人嗎？」一個個向我投來憤怒的目光，很快就你一言我一語地控訴了起來。

一位老人指著我的鼻子，生氣地說：「你們二十一世紀的人，隨便把廢氣排到空氣中，工廠的煙囪裡長年吐著黑色『長龍』，你們的青年一個個叼著菸捲『吞雲吐霧』，卻全不管青天變成了黃天。你們留下的廢氣，造成了我們呼吸道疾病流行。你們難道不知道，清新的空氣可以使人神清氣爽，在吐故納新中創造新鮮血液、減少疾病嗎？」「哼，太不懂科學了！」

一個面黃肌瘦的年輕人嚷道：「你們二十一世紀的人最最自私，最最短淺。你們從來不為後代著想，只圖自己一時方便快樂！你們的孩子們外出旅遊，隨手把罐

頭、廢品扔進原本清澈的河流裡，污染了水源；你們把地下水全部抽盡；你們的兒童任意浪費自來水，用它來戲耍。你看如今，水源全都乾涸，使我們二十二世紀的兒童連喝的水都沒有。魚蝦更是絕跡。沒有水，我們怎麼生存呢？我們連生命的起碼保障都沒有啦！」

「可不是嗎？」一個和我差不多大的小姑娘噘著嘴喊：「你們很多人為了謀私利，把許多地方的樹木砍光了，連小樹也不能倖免。你們不肯好好栽樹、種草，許多山變成了禿山，草地成了荒漠。難道你們不懂，可愛的綠色植物能吸灰塵、吐氧氣、分泌殺菌素、減緩風速、抵擋風沙嗎？真是可惡！」「是啊，土壤也全被你們污染，土地枯裂得沒法種莊稼，我們失去了食物之源。這不都是你們造成的？」

這時，那個已經衰老無力的地球也憤憤地插嘴說：「你們二十一世紀的人太任性，也太無知，你們以為你們可以主宰我的一切，為所欲為。我給了你們工作、勞動的一切原料，你們人類就任意地踐踏它們，污染了我的血脈，連我的臭氧層外衣都被剝去，現在沒有什麼能擋住紫外線照射了。我罹患了許多疾病，也許不久就要毀滅了！本來在我懷中萬物生長，互相支持著一個和睦的大家庭，但你們卻滅絕了許多物種。看，在你們的餐桌上還擺著許多珍稀動物呢！」地球又叫嚷道：「小姑娘，快快回到二十一世紀，快叫大家『亡羊補牢』吧，興許還有生存下去的可能。唉！」

聽了他們的話，我羞愧得無地自容，趕快逃進了時光飛船返回二十一世紀。當聽到我所介紹的二十二世紀的情況後，同學們都行動起來，建立了「兒童環保科學院」，我當上了院士，成為一名「環保小衛士」。我們組成了許多個巡邏小組，從身邊做起，呼籲人們節約用水，阻止旅遊者亂丟廢物；在城市居民區、工業區和郊區大量植樹種草，並加強管理，不讓人任意砍伐、踐踏；保護各種物種，不讓人們任意捕殺、採掠。

在二十一世紀，當我長大成人時，我又當選為世紀環保委員會的主席。我呼籲世界各國停止一切化學核武器戰爭，規定每位世界公民要植樹二〇〇棵或栽種草地五〇平方公尺；要在每個國家建立一〇〇個以上的自然環境保護區，有專人管理，不准損害一草一木以及任何一種動物。我們創造出多種「廢品轉化器」，變廢為寶，我們還用人工方法補厚臭氧層……

我們的工作，不僅得到了二十一世紀世界公民們的擁護，而且還收到了來自二十二世紀的表揚信，他們在信中說：「由於你們的努力，現在這裡的情況有極大的改善，天空明朗，河水清澈，兒童們能健康成長，大人們能幸福地勞動……」信裡還附有地球書寫的幾個蒼勁有力的大字：「好好幹吧！你們需要我！我也需要你們！」

## 七嘴八舌

呀！好可怕的一幅畫面呀，我還以為二十二世紀的地球，一定滿大街都是好吃的，到處都是好玩的呢！

聰明的小讀者正是運用了逆向思維來給我們敲響警鐘！只要我們人類從現在開始關心環保，未來還是會像我們想像的那樣美好的！

保護環境，迫在眉睫！

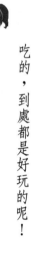

# 設計這樣的房子

人們都希望自己的房子乾淨、整潔，住得舒適自在。有人希望自己的房子幽雅、獨特，有異國風情。有人還希望〔**改成「還有人希望」，因為副詞「還」修飾的對象是「有人」而不是「希望」**〕……

在十幾年後，他們的心願將一一達成〔**「心願」和「達成」不搭配，應改為「心願將一一實現」**〕。到那時，我就會成為世界聞名的設計大師。我設計出的房屋，無論什麼條件它都具備。屋子的外部，是一個正方體，而內部卻是空蕩蕩的大廳〔**放到下段更合適**〕。在光滑的牆壁上，有許許多多的按鈕。上面有城堡型、賓館型、普通房屋型、豪華庭院型……各種房屋的樣式，你喜歡哪種，就用手按一下，房子馬上像機器人一樣「變身」，滿足你的要求。

你一定會問，那裡面怎麼辦呢？不用擔心，在房屋「變身」後，它會根據各種型式的房屋來改造內部。如果改造後，你不喜歡，可以按「重新改造鍵」，牆面就

出現許多按鍵，有「三室二廳」、「二室一廳」、「一室一廳」……你喜歡哪種，就選哪種。

改造完後，你還會發現房子在變色，當它的顏色變到你喜歡或需要的色彩時，你一跺腳它就會自動停下來。另外，房子的門鈴還具有防盜裝備（**「裝備」應改為「功能」**）。在十公尺外（**「在十公尺外」表意模糊，範圍太大**），門鈴接收到陌生人的氣味時，它就會發出一陣音樂，提醒主人。

這種房子不論在什麼時候，都能抵擋外界的一些危險，例如天災：下冰雹、酸雨、暴風雨、龍捲風、沙塵暴等都無法破壞房屋。因為在房屋裡的牆壁中間有一種威力很強的細小物質，它能使房屋不被破壞。

大家聽了我的介紹後，肯定會想：這麼好的房子，造價一定十分昂貴。其實呀，這種房子的牆壁全是採用一些廢棄木頭、塑膠、金屬合製加工而成。它的內部有許多分子在流動，它們就好像人體的細胞，掌管一切。而房屋會「變身」，是因為這種房子是一種機器裝備，好似變形金剛一樣，造價一點也不貴。那麼它的「心臟」在哪呢？其實它的「心臟」就是地球媽媽，可以說這種房子是一種全自動的房

子，不須任何人操縱**（與前文表述相矛盾）**。除非地球媽媽「逝世」了。所以我們要更加愛護地球。

現在，大家知道我設計出的房子有多好了吧！其實還不止這些呢**（此句沒有明確的主語，可改為「其實它的功能還不止這些呢！」）**！夏天很熱時，房屋會變得十分涼爽。如果你還想游泳，只要按「泳池」鍵，房頂上就會出現一個水池，你便可以上去游泳了。房頂上不僅能游泳，還能種菜、養花、養魚……冬天下雪時，外面很冷，但是又很想觀看那迷人的雪景，怎麼辦呢？這時，我們**（人稱使用不當，前後不一致，應改為「你」）**也不用著急，這時的房子會變得很溫暖，而你只要按「透明屋」鍵，那麼整個房子都會變得像玻璃一樣，你可以一邊進餐，一邊欣賞冬景了。不用擔心，這種「透明屋」只有在裡面看外面，才顯得十分清晰，而在外面看裡面，那是一點也看不見的。

我相信，隨著科技的發展。十幾年後，我一定能設計出這樣的房子。

# 會走路的小房子

楊紅櫻

## 小房子的脾氣大

你看出這座小房子跟別的小房子有什麼不一樣嗎？往下看，再往下看，看見了沒有？這座漂亮的小房子有一雙腳，一雙很大很大的腳，腳上還穿著一雙很大很大的皮鞋，走起路來「叩叩叩」地響。

小房子的脾氣大得很，他老跟他的鄰居大風車吵架。他對大風車嚷道：「懶鬼，你不能轉快一點嗎？」

「不行啊！」大風車說：「現在只有微風，我轉不快。」

起風了，大風車越轉越快，越轉越快。小房子又不高興了，他對大風車嚷道：「你瘋了嗎？別轉得那麼快，快停下來！」

「不行啊！」大風車說：「現在起風了，我停不下來。」

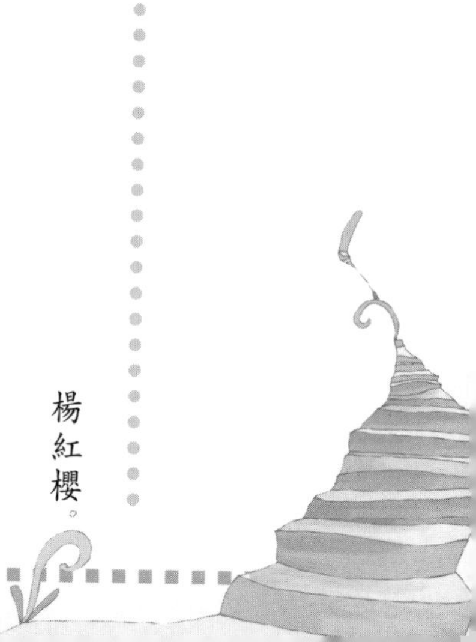

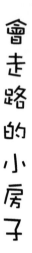

「討厭！」

小房子不想跟大風車做鄰居了，邁開大步，「叩叩叩」地走了。

小房子去跟鐘樓做鄰居。

每隔一個小時，也就是六〇分鐘，鐘樓就要敲一次鐘。白天敲還可以，夜裡敲可讓小房子受不了。小房子去跟鐘樓上的鐘商量：「你能不能白天敲，晚上不敲呢？」

「不行啊！」鐘說：「一到時候，是必須要敲的。」

「你真笨哪，你不能靈活一點嗎？」

「如果鐘能靈活，那就是壞鐘，沒用了。」

「笨鐘！」

小房子罵道，他不想跟鐘樓做鄰居了，邁開大步，「叩叩叩」地走開了。

## 小房子壞了

小房子路過小河邊，被一隻正在河裡游水的胖鵝看見了，牠忙游上岸來。

「小房子，等等我！」

胖鵝追了上來：「讓我住進去好嗎？」小房子停下腳步：「住進來可以，但是我要考考你——你用一塊錢買一樣東西，如果能把我裝滿，我就讓你住。」

胖鵝用一塊錢買了一大車茅草，把草拉回來，裝進小房子裡，可是只裝滿了小房子的一個角落。

「不行不行！」小房子拒絕了胖鵝，「你不能住進來！」

小房子來到一片草地上，一隻小花狗朝他跑來，對他說：「我正沒有房子住，我可以住進來嗎？」

小房子還是那樣說：「住進來可以，但是我要考考你——你用一塊錢買一樣東西，如果能把我裝滿，我就讓你住。」

小花狗用一塊錢買了一〇〇桶水，一桶一桶地倒進小房子裡。水從小房子的門裡流出來，從小房子的窗裡流出來，一〇〇桶水沒有把小屋裝滿。

「不行不行！」小房子拒絕了小花狗，「你不能住進來。」

「叩叩叩」，「叩叩叩」，小房子氣咻咻地又走了。

走呀，走呀，爬過了一座又一座的山，蹚過了一條又一條的河，他身上漂亮的油漆剝落了，門壞了，窗壞了，腳上的大皮鞋也走爛了。

走到樹林裡，小房子再也走不動了，他成了樹林裡一座破舊的小房子。這時候的小房子很傷心，他想再也沒有誰會喜歡他了。

——選自《楊紅櫻精選童話》

## 星光寶盒

神奇　美妙　徜徉　眩目　翱翔　遨遊　離奇　夢境

其樂無窮　自由自在　胡編亂造　異想天開

大顯神通　隱隱約約　如真似幻　遙不可及

脫離實際　奮發圖強　夢想成真　奇思妙想

我相信每個人都有可能走向成功之路，

但必須有堅強的毅力去開創。

——徐悲鴻

## 星際新體驗

有三個人飲酒行令，要求「相」字起頭，「人」字結尾。

第一個人說：「相識滿天下，知心能幾人？」

第二個人接著說：「相逢不飲空歸去，洞口桃花也笑人。」

第三個人再接道：「襄陽有個李鬍子。」

前面兩人聽了，詰問道：「你怎麼不用『人』字結尾呢？」

第三個人笑著反問：「李鬍子難道不是人嗎？」

第四單元

# 最讓我感動的

## 點亮星空

你們最近看了什麼有趣的書或者是電影電視？為什麼它們會給你留下深刻的印象？你可以用讀後感或觀後感的形式寫出來，讓大家分享你的感動！

## 思路流星雨

我暑假去了桂林，可以寫剛剛才去遊覽過的《桂林山水》，哈哈！

早就想好了，我寫我最喜歡的《哈利波特與火焰杯》。

我最近正在看兒童頻道的《世界真奇妙》，真是獲益匪淺！

我：________________________________

# 如果我是他

## 讀《魯濱遜漂流記》有感

孔捷

「謹以此書奉獻給那些時時處處依賴父母、依賴學校的青少年朋友們。」當我從扉頁上讀到這句話的時候，便對這本書產生了一種莫名的反感。任性、嬌氣、依賴性強而動手能力差，這的確是我們當中絕大多數人的缺點。但我們不甘心承認這些，我們不也希望自己能做得更好嗎?可為什麼，周圍的人總要給我們戴上這頂「帽子」呢?

當我鄭重地翻完最後一頁，讀完了這個情節曲折、跌宕起伏的故事時，我想我真的被它震撼了，那是一種心靈上的大震撼。一個大問號不由得縈繞在我的心頭，如果我是魯濱遜……

如果我是他，當船在暴風雨中失事的時候，我會像他那樣不向命運低頭，繼續立志遠航嗎？不，如果可以選擇的話，我不會去接受那充滿著困難和波折的生活，因為我沒有那份自信。

如果我是他，當獨自一人置身於荒島之上，叫天不應，叫地不靈時，我會像他那樣不自暴自棄，重燃生活的希望嗎？不，面對突如其來的災難，我不可能像他那樣因時而變，積極自救，因為我沒有那個能力。

如果我是他，當看到野人用自己的同類開宴會時，我會像他那樣勇敢地站出來，在僅有一個助手的情況下同他們搏鬥嗎？不，我寧可躲得遠遠的，祈禱他們永遠不要發現我，因為我沒有那種膽量。

我不得不承認自己的軟弱與無能，從呱呱墜地到揹上書包，父母、學校為我們鋪設了成長的道路。我心安理得地在這條平坦的大道上走過一年又一年，沒有挫折，沒有風浪，而我還整天抱怨這個，抱怨那個。其實我根本沒有咀嚼過生活中的苦澀，我是幸福的。然而幸福中的我根本沒有意識到能吃飽穿暖，揹上書包去上學，每天接受家人的關愛、社會的關注是一種莫大的快樂。

「一本好書能拯救一個人。」現在我百分之百地相信這句話。這二八七頁向我展示了魯濱遜自信、自立、自尊、自強、永不滿足，不甘平庸的精神；告訴我魯濱遜靠自己的誠實、善良、勞動、智慧和堅毅，去創建，去開拓。我想我應該拿出所有的精力努力向他學習，為了學校，為了父母，更為了我自己。

## 林藍老師的話

從《如果我是他》這個題目看來，作者想把自己和魯濱遜相比較的寫作意圖相當明顯。也正如題意，此文最大的特點就是運用對比的手法，從自信心、生存能力、膽量多方面著手，運用排比的手法通過三個設問，對自己進行剖析：設身處地地思索「如果我是他，將會如何？」從中看到「我」的不足，從而堅定「我向他學習」的決心。

# 讀《茶花女》有感

李琳麗

「一個人的生命是寶貴的，但當你不珍惜它的時候，生命將變得毫無意義。」這句話說得多麼確切呀！這是我看了法國大作家小仲馬的成名之作《茶花女》之後所悟出的道理。

《茶花女》這本書主要寫的是：一個出生在法國巴黎的美麗少女瑪格麗特．哥傑被誘騙成為交際花，人稱「茶花女」。她由於環境而墮落得了肺病，她曾經三次立志要把病治好，重新做人，但最終都失敗了。第一次是因為受不了環境的誘惑，第二次是為了不讓自己心愛的亞芒受到牽連，第三次是因為肺病已經到了晚期，終於離開了人世。

讀過這本書的人可能都會同情書中的女主角茶花女命運的悲慘，或是對那個冷酷的社會表示不滿，可我覺得書中的茶花女也有錯，因為她把生命看得太沒意義

了。就算她的命運十分悲慘，那也不能如此糟蹋生命；就算她第二次失敗是情有可原的，那也不能利用這種自暴自棄方法讓亞芒離開她呀！

保爾，不僅全身癱瘓，而且雙目失明了，可是他沒有放棄生命，因為他知道活著就是一種希望，更知道人應該怎樣活著才有意義。後來他以比鋼鐵還要堅強的意志戰勝了病殘，終於成功地寫出了小說《鋼鐵是怎樣煉成的》。再想想中國大陸的張海迪，她胸部以下完全失去了知覺，可是她並沒有對生活失去信心，而是以頑強的毅力戰勝了病殘，學完了從小學到高中的全部課程，翻譯了許多外文著作。美國有一位盲聾女作家海倫，她在一歲半時就因病喪失了視覺和聽力，她不向命運屈服，二十四歲時，以優異的成績畢業於哈佛大學……

保爾、張海迪、海倫，他們的一生都在努力著，拼搏著，奮鬥著，生命在他們那裡是如此精彩；而茶花女卻把生命看得如此沒有意義，這難道就不值得我們惋惜嗎？生命的價值如何是由自己選擇的。那麼，就讓我們都來珍惜生命，感受生命的價值吧！

## 七嘴八舌

《茶花女》我也看過，記得當時感動得直掉眼淚。

雖然這本書我沒看過，但讀了這篇文章之後，我覺得「茶花女」除了有值得我們同情的地方外，一定也有她做得不對的地方。

這就叫做──「仁者見仁，智者見智。」

# 小議「廣告」

大家對「廣告」這一名詞一定不陌生。廣告，廣告就是起到「廣而告之」的作用。可現在的一些廣告，為了能吸引消費者，在內容設計裡充滿了「暴力」、「色情」、「髒話」……有些甚至讓人不堪入耳。

我就曾見過這樣一則廣告片，在一個飯店裡，有幾個客人正在吃飯，忽然廚師端來一個女人，放在一個很大的盤子裡。然後還笑著說道：「各位先生，露露〔**評論性文章中應避免出現具體的商品名稱**〕一到，眾口不再難調！」幾個人放下筷子異口同聲地喊起來。最後是一則「時尚」廣告語——露露杏仁露。

看了這則廣告我感慨萬千。這能算是廣告嗎？若把它「廣而告之」，世界還不亂套了。我真恨那些商家，為了眼前的一點利益竟拍出這種東西。難道他們已經把自己的靈魂賣給了金錢嗎？

無風不起浪，廣告取材於日常生活中。這證明了在日常生活中這種不堪入耳的

廣告是有，但有壞的難道就沒有好的嗎？不是，好的廣告，當然是有的，我曾在電視中看到一則電池的廣告，內容大概是：兩隻兔子在比賽跑步，一隻使用某名牌電池，一隻使用普通電池。比賽開始不久，用普通電池的兔子沒電了，又換了一個與其一模一樣的兔子上場，而用名牌電池的兔子仍在跑，最後用普通電池的兔子沒到終點就沒電了，而用名牌電池的則取得了勝利。然後，顯示出一條廣告語：「×牌電池，耐力無限。」從這則廣告中我領悟出幾條人生哲理。例如，「無論做什麼事都要堅持到底」，「用不良手段，就算贏了，也不光彩」……這就是一則好廣告。

我想對那些黑心商家說：「請不要再拍那種令人厭惡的廣告了。」「請你們不要太自私〔「**自私**」**在這裡語氣不夠強烈，可改為**「**唯利是圖**」〕，為了吸引顧客應當用正當的方法。」而且萬一這種廣告被一些青少年看到了，他們會怎麼想？他們還未成年，辨別能力差，這樣做很可能使他們在心理上受到影響。如果這種廣告被一些國外友人看到了，他們又會怎麼想？他們會認為我們國家社會風氣不好，人民素質低下。所以為了青少年不受損害，請你們不要再拍了。〔**此段表述邏輯紊亂，應加以理順。**〕

我想告訴你們﹝語氣過於生硬﹞，人活著，若只是為了金錢，那他的一生不過是一條被白蟻挖空的長堤，一個空空的軀殼。你們這些黑心商家請不要再那麼看重金錢利益了。常言道：知過能改，善莫大焉。希望你們也能學學這條古訓，改掉自己的錯誤。

總之，我希望你們今後拍出的廣告，內容好的多拍一些，內容不健康的請不要再拍了。只有優秀的廣告才能使我們的生活更加有趣、更加充實、更加美好、更加……

# 蘿蔔湯的啟示

梁實秋

抗戰時我初到重慶，暫時下榻於上清寺一位朋友家。晚飯時，主人以一大缽排骨蘿蔔湯饗客，主人謙遜地說：「這湯不夠味。我的朋友楊太太做的排骨蘿蔔湯才是一絕，我們無論如何也仿效不來，你去一嘗便知。」楊太太也是我的熟人，過幾天她邀我們幾個熟人到她家去餐敘。

席上果然有一大缽排骨蘿蔔湯。揭開瓦缽蓋，熱氣冒三尺。每人舀了一小碗。喔，真好吃。排骨酥爛而未成渣，蘿蔔煮透而未變泥，湯呢？熱、濃、香、稠，大家都吃得直吧嗒嘴。少不得人人要讚美一番，並且異口同聲地向主人探詢，做這一味湯有什麼祕訣。加多少水、煮多少時候，用文火、用武火？主人只有咧著嘴笑，支支吾吾地說：「沒什麼，沒什麼，這種家常菜其實上不得臺面，不成敬意。」客人們有一點失望，難道說這其間還有什麼職業的祕密不成，你不肯說也就罷了。這

時節，一位心直口快的朋友開腔了，他說：「我來宣布這個烹調的祕訣吧！」大家都注意傾聽，他不慌不忙地說：「道理很簡單，多放排骨，少加蘿蔔，少加水。」也許他說的是實話，實話往往可笑。於是座上泛起了一陣輕微的笑聲。主人顧左右而言他。

宴罷，我回到上清寺朋友家。他問我方才席上所宣布的排骨蘿蔔湯祕訣是否可信，我說：「不妨一試。多放排骨，少加蘿蔔，少加水。」當然，排骨也有成色可分，必須撿上好的，切蘿蔔的刀法也有講究，大小厚薄要適度，火候不能忽略，要慢火久煨。試驗結果，大成功。楊太太的拿手菜不再是獨門絕活。

從這一樁小事，我聯想到做文章的道理。文字要擲地作金石聲，固非易事，但是要做到言中有物，不令人覺得淡而無味，卻是不難辦到的。少說廢話，這便是祕訣，和湯裡少加蘿蔔少加水是一個道理。

——選自《雅舍小品》

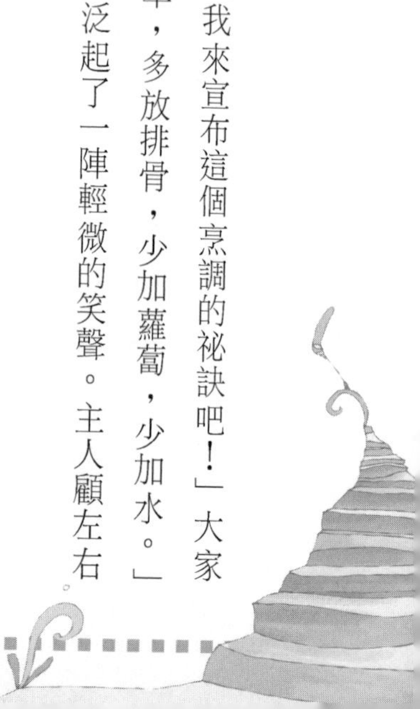

## 星光寶盒

震撼　樸實　動容　抽泣　謙遜　共鳴　真諦　昇華
細長　白淨　乾燥　細膩　失望　靦腆　坦然　安詳

熱淚盈眶　樸實無華　波濤起伏　七嘴八舌
走馬觀花　醍醐灌頂　恍然大悟　一目十行
痛定思痛　毫不猶豫　瞻前顧後　樂不思蜀
健步如飛　亭亭玉立　唇紅齒白　頭暈眼花

我覺得當書本給我羅列聞所未聞、見所未見的人物感情，思想和態度時，似乎是每一本書都在我面前打開了一扇窗戶，讓我看到了一個不可思議的新世界……

——高爾基

# 詩句填動物

請選擇一種合適的動物名稱（蜻蜓、駱駝、鴛鴦，鳳凰、蝙蝠、蝴蝶、鸚鵡），填入下面各句唐詩。

(1)合昏尚知時，□□不獨宿。

(2)八月□□黃，雙雙西園草。

(3)山石犖確行徑微，黃昏到寺□□飛。

(4)氈包席裡可立致，十數祇載數□□。

(5)晴川歷歷漢陽樹，芳草萋萋□□洲。

(6)行到中庭數花朵，□□飛上玉搔頭。

(7)長安城連東掖垣，□□池對青瑣門。

答案：(1)鴛鴦(2)蝴蝶(3)蝙蝠(4)駱駝(5)鸚鵡(6)蜻蜓(7)鳳凰

考題設計

**我最愛的風味小吃**

生活是多姿多彩的，只要我們用燦爛的心靈去感受，人生的每一刻都會有滋有味。人說「民以食為天」，那麼你曾為一道風味小吃垂涎欲滴，又為此而津津樂道過嗎？如果答案是肯定的，就請你拿起筆，把風味小吃帶來的美妙感覺，記錄下來吧！

**家庭趣事**

充滿樂趣的家庭是一個人成長的搖籃。只要你回想起童年生活，爺爺的笑臉，奶奶的故事，爸爸的擁抱，媽媽的親吻，哥姊的嬉戲、弟妹的逗趣便會出現在眼

前。要寫好「事」中「趣」，就必須用心觀察、感悟，用心體驗、思索，把你每天在家中感受到的樂趣及時記下來，從中篩選出最想寫的完成習作。

### 我的一次成功

這是一篇典型的敍事文，寫的是自己，寫的是一件事，要緊緊抓住「成功」二字做文章。既然是寫成功，那麼就要選擇自己成長的過程中，做得最好的一件事來寫。你可以寫自己參加各類比賽，取得了優異的成績，可以寫自己學會了獨自處理問題，也可以寫掌握了某一項本領。要特別注意寫出自己做這件事情的心理活動，還有成功之後的體會。

第五單元

# 美麗童年

## 點亮星空

每個人都有美好的童年，童年發生的事情總是那麼難忘：那會飛的夢，那一聲聲喝彩，那一次次歡笑……回想一下過去的日子，哪些事情讓你回味無窮……

## 思路流星雨

這個太多了：當紀律委員，抓小偷，野餐燒烤……

童年是多麼的彌足珍貴，童年的故事更是多如牛毛。要從中選出一件最值得回憶的事情，還真有點強人所難！

我就寫監督馬小跳的回憶錄！哼！

我：＿＿＿＿＿＿＿＿＿＿＿＿＿＿＿＿＿＿＿＿＿＿＿＿

# 吃黃連果

吳庭楓。

童年，可笑的童年，幼稚的童年，發出耀眼的光彩。

那是在我六歲時的一個夏天。天氣可真熱，太陽火辣辣的，把馬路、樓房曬得滾燙滾燙的，用手一摸，也要馬上縮回來，不然，你的手早就「燒熱」了。我穿著短襯衫，手上拿著一根冰棍，在口裡不停地舔著，儘管如此，我還是感到酷熱。「咔嚓」一聲，門開了，「啊！媽媽回來了！」我一下子

撲到媽媽身上，興奮地說：「媽媽！有什麼好吃的給我解解渴嗎？我熱死了！」媽媽神祕地一笑，然後把她手中的東西在我眼前一晃，說：「給你！小饞鬼。」我眼前一亮，忙不迭地拆開塑膠袋，一瞧，嘿！水靈靈的綠葡萄，冷冰冰的，我一見就生愛慕之心。我連忙嘗了一顆，太棒了，才一顆，那種酸甜可口的滋味一下子就流進了我心裡。我開始不停地吃，越吃越有味，不一會兒，兩串葡萄就被我吃了個精光，只剩下兩根乾巴巴的枝條了。吃光後，頓時，一種清涼的感覺通透全身，熱沒了，涼絲絲的，好不舒服。我多想再吃一串葡萄啊！可連續幾天，水果店都沒出售，這下子我可要饞壞了，可毫無辦法。

又是一個夏天，我回到故鄉江蘇，那裡也很熱。一天，我發現姨媽家院子裡有一盆青翠欲滴的「葡萄」。炎夏，黃連果的花兒早謝了，那莖稈向下垂，上面結滿了沉甸甸的小青果，「呵！呵！」那顏色、形狀無一不像葡萄，那一定是葡萄了。

我興奮極了，越想越美，舔了舔舌頭，三步併做兩步跑到它面前，擦了擦手，迫不及待地摘了一顆最大的「葡萄」，放進嘴裡一嘗……

「咳！咳！呸！呸！」我吃了後並沒咽進去，一試味，我便「咿咿呀呀」地把

它們全都吐了出來。「這是什麼葡萄？」我邊吐邊罵。它的味兒既苦又澀，還十分辣，噁心死了，我感覺舌頭發麻，好像千萬隻螞蟥在咬，喉嚨辣極了，好像吃了十幾隻小辣椒。我滿口辣味，直伸舌頭，哇哇地在叫，大哭大鬧，可越鬧越辣，我索性躺在地上用拳頭、腳不停地打著，眼裡流下了「金豆豆」，要知道，「男兒有淚不輕彈」，可這味真受不了。媽媽聞聲而來，我難受地向媽媽說了經過，媽媽聽了哭笑不得，她忍住笑說：「你吃的是黃連果！」她連忙端來熱水，我咕嘟嘟地喝了起來，不料，越喝越辣，辣得我直跺腳，哇哇大叫。媽媽又買了冷飲給我喝，舌頭麻木了一下，過了很久，嘴裡仍有一股濃濃的辣味，我只好躺在地板上，像小狗一樣伸出舌頭，讓涼風吹！吹！吹！

正巧爸爸回來了，他看見我這狼狽不堪的樣子，哈哈大笑說：「這就是你饞嘴的報應呀！哈哈哈！」我想了想，也不禁笑了起來，屋子裡充滿了笑聲。

現在，我明白了人不應饞嘴，否則，說不定就會有報應的。又一個夏天到了，不知怎的，想起那件事我又笑了起來。

林藍老師的話

一次吃葡萄的經歷，引出了一段讓人捧腹的趣事。作者擅長形容和渲染，如對葡萄與黃連果的外型描寫，對自己吃葡萄和黃連果的不同感受的描繪，都十分具體而傳神，顯示了扎實的文字功底。

# 領「學習評量」

潘偉

豐富多彩的童年生活，給我留下了許多美好有趣的回憶。有的像天上的星星，在記憶中閃閃爍爍，卻已並不清晰；有的像太陽、月亮，一直照亮著我的心田，還像剛才發生的一樣。特別是領「學習評量」這件趣事，每次我一想起它，便不由自主地笑了起來。

那時我六歲，上幼稚園大班。一天下午，老師對我們說：「小朋友們，暑假快到了，現在我發糖果給你們，你們喜歡嗎？」「喜歡！」我們一齊回答。

老師發好了糖果，又鄭重地對我們說：「小朋友們，再過七天，老師還要發給你們『學習評量』，現在你們可以回家了。」

我拿著糖果，邊吃邊向家裡走。心想：奶油糖又甜又香真好吃，七天以後還要發「學習評量」，這「學習評量」是什麼東西呢？我想，它比糖果還要晚發，而且老師講的語氣更重，特別是「學習評量」三個字講得最清楚，一定比糖果還要好吃。不知怎麼的，我在無形中把「學習評量」想像為像奶油蛋糕一樣的東西。我越想越美，打算把「學習評量」一分為三，我自己吃一份，還有兩份給爸爸媽媽，讓他們也嘗嘗它的滋味。我要做個孝敬父母的好孩子。

從那以後，我見了親人總是說：「我們再過幾天還要發『學習評量』呢！」那高興勁兒就別提了。

我盼呀盼呀，好容易盼到了發「學習評量」的那天。我起得特別早，吃完飯就想走，可是又一想，這「學習評量」的其中兩份要帶回家，拿在手裡不衛生，就拿了個小碗。我走到幼稚園，一會兒大家都來了，我們就恭恭敬敬地坐在椅子上。我看大家都沒拿小碗，就難為情地把拿碗的小手放在背後。老師講了一會兒話後，就發給我們一張長方形的紙，我把它放在衣袋裡。但是老師接著說：「放暑假了，你們回去吧！」這下我可急了，忙說：「老師，學習評量還沒發給我們，怎麼叫我們回去呢？」我邊說邊舉起了小手。老師看見了，就叫我站起來說，我就站起來重說了一遍。老師指了指我衣袋裡的紙說：「這不是學習評量嗎？你以為學習評量是怎樣的呢？」「什麼？這就是學習評量？」我不好意思地說：「我還以為學習評量是一塊像奶油蛋糕一樣的東西呢！」

「哈哈……」老師和小朋友們都笑了起來，我也恍然大悟，禁不住也笑了。

幼稚園啊，真是我童年生活的樂園！

七嘴八舌

哈哈，這個傢伙怎麼和唐飛似的，整天就想著吃！

這篇文章語言真實而活潑，所以能較好地保留故事的原味，是用有趣的語言講述一件有趣的事情。

一段多麼純真而美好的童年記憶啊！

# 別小瞧我

我是一個三年級的小學生，所以有許多人都認為我什麼事都不會做。我要去幫忙洗衣服，爸爸說：「不行，你還太小。」我要去幫助媽媽洗碗，媽媽又稍帶諷刺**「媽媽怎麼會「稍帶諷刺」呢？不妥！」**地回答：「不可以，你太小了，洗不乾淨，還是我來洗吧！」哎呀！你們不要小瞧我嘛，我也是小大人，我一定會讓你們對我刮目相看的！等著瞧吧！

這個時刻終於來到了。我興奮不已。

那是一個星期六的下午，我的父母都有事，我便一個人在家。突然想起我的桌布還沒洗。於是，我拿起桌布就往浴室裡跑，一邊跑還一邊幻想（「幻想」多指不切實際的想像，用這裡不恰當，可用「想像」）媽媽怎樣誇我，嘴裡還說：「真是小大人啊！」想到這裡我的嘴角上不禁露出了甜蜜的笑容。

到了浴室，我抓起肥皂，拿起桌布就開始洗桌布（重複），我一會兒這兒搓搓，一會兒那兒洗洗，洗了好一會兒。我有些支撐不住了，可媽媽那一句我夢寐以求的話誘惑著我，我咬了咬牙硬是把桌布洗完了，媽媽爸爸回來了，我站在那裡等著媽媽的誇讚。果然，媽媽進了浴室，過了一會兒，媽媽滿臉興奮地走了出來，高興地說：「我們的瑩兒（我的小名）長大了，成了小大人了。」我一聽，興奮得臉上放出奇異的光彩。

這件事後，我還以為媽媽不會再小瞧我了，可我要幫忙時她又說，你不行或你太小了（引用媽媽的話應加引號），唉，這是怎麼回事？

不過雖然如此，我還是在想辦法使父母對我產生信心，不再小瞧我。

真是老天有眼，這天，爸爸媽媽因誰去買菜產生了爭論，我眼睛一轉（「眼睛」

**不能轉，應改為「眼珠」**），便自告奮勇地對爸爸媽媽說：「我去買菜。」「什麼？你去，哦，不行。」爸爸媽媽異口同聲地說。「不嘛！我要去，我已經長大了。」我跟他們解釋道。「唉！好吧，不過你一定要小心哦！」媽媽說。好的（**應加引號**），我連頭也不回。買完菜，我在回家的路上一直都在想，對父母說什麼才能讓他們不小瞧我。可我一直想到家裡，還不知道說什麼。可是我一到家，爸爸媽媽就對我說：「瑩兒，爸媽再也不會小瞧你了，請你相信我們吧！」我一聽，舒心地笑了。

雖然我打消了父母的念頭（**未交代什麼念頭**），可在外面別人還是說我小。我已經下定決心，一定要讓別人對我刮目相看。

這個機會悄然無聲地來了。那天，媽媽的單位要人幫忙搬書，我要去幫忙，可單位的人卻說我太小，不能去。我理直氣壯地說：「什麼不行，我要去。」（**此處語氣太過生硬，不妥。**）「好吧！不過吃虧的人是你。」我便說：「好吧！」到了圖書室，天啊！這麼多書，不過我一言既出，駟馬難追。我便抱著一堆書往會議室走，就這樣忙了一下午，終於圖書室裡的書給搬完了。雖然我氣喘吁吁，可我想到

那誇讚的語句，便笑了。過了一會兒，人們走進了會議室，發現書整整齊齊地放在那裡，隨後，又看了看筋疲力盡的我，便都誇讚道：「真不錯，長大了。」聽到這些誇讚，剛才的勞累一下拋到了九霄雲外。

通過這麼多事情，別人和家人終於改變了對我的看法。希望各位知道，我們雖然是小孩子，可有許多事我們都能自理，我要代替〔「代替」改為「代表」更為合適〕三年級的同學喊一聲：請別小看〔「看」改為「瞧」〕我們。

## 孩子和春天

曾卓

最近好幾次想起了多年前讀過的英國作家王爾德的一篇童話，題目似乎是《巨人的花園》。說的是一個巨人有一座很美麗的花園，其中生長著各種樹木和鮮花，所以鄰近的兒童們常常溜進來玩耍。唱著，笑著，一片歡樂的景象。

有一次，巨人感到他們太吵鬧，大聲吼叫著將孩子們都趕走了。他得到了安靜，但同時也看到樹木都突然落盡了葉子，各種鮮花也都枯萎，原來美麗的花園顯得異常的荒涼。他發覺僅有一棵樹依然枝葉繁茂。他好奇地走了過去，看到有一個孩子躲在樹上，由於太小，不敢爬下來。巨人將驚嚇得滿臉淚珠的孩子抱到了懷中。他領悟到，如果沒有孩子們，這座花園也就沒有春天，於是，他將嚇跑了的孩子們都呼喚了回來。於是，花又開了，樹又綠了，陽光照耀著歡笑的孩子們。

原作寫得很生動感人。時隔多年，我所記得的只是大致的情節。最近我想起這一則童話，是因為我也有著巨人的那種體會。

我有一個孫女和一個外孫女，她們都已進小學，學習成績不錯，在家裡也很懂規矩。我還有一個兩歲多一點的孫子和一個剛滿兩歲的外孫，還不夠進幼稚園的年齡，而在家裡則一刻也不安靜。兩人有時非常親熱，一道做遊戲、一道唱歌、跳舞，但頃刻間卻又因為爭奪一個玩具或別的一點什麼小事而打起架來，下手都不輕，於是又哭成一片，天翻地覆。他們又特別喜歡來找我，或是相互告狀，或是討東西吃，或是要帶著上街……我故意板起臉大聲喝斥，甚至做出要打人的姿勢都不

能迫使他們退讓，結果退讓的倒往往是我，只有歎一口氣，放下手頭的工作，滿足他們的心願。

這些天，因為要趕做一點事，讓他們各自隨著他們的父母暫時回去住了。開始我還感到鬆了一口氣，埋頭在書桌前。但常常不自覺地停下筆來，環顧四周，難以習慣於那種近於空虛的寂靜，感到家裡缺少了生氣，正如那位巨人感到花園裡沒有了小孩子就沒有了春天。對於幼小一輩的那種眷眷之情，近年愈來愈濃厚，我不知道這是不是老年心境的一種表現。

幾天前，外孫滿兩歲，我在旁人送我的祝賀卡上寫了這樣幾句話送他：

> 這是別人送我七十歲生日的祝賀卡，我轉送給兩週歲的你。
>
> 當你活到外公這麼大年紀時，它將帶給你一些遙遠的溫暖的回憶。我聽見了你唱的一支歌「春天在哪裡？」春天就在你稚嫩、歡快的歌聲裡，春天永遠和你在一起。

我的祝福當然也包括其他幾個孫輩，同時我也祝福正在成長的所有的孩子們，他們就是春天，願春天永遠屬於他們。

——選自《曾卓散文集》

## 星光寶盒

瑣憶　依稀　模仿　羞愧　悔悟　尷尬　鼓舞　誠懇

天真爛漫　調皮搗蛋　無憂無慮　興致勃勃
刨根問柢　銘記在心　六神無主　膽戰心驚
忐忑不安　愣頭愣腦　悶悶不樂　無地自容

倘若你有一個蘋果，我也有一個蘋果，而我們彼此交換這些蘋果，那麼，你和我仍然是各有一個蘋果。但是，倘若你有一種思想，我也有一種思想，而我們彼此交流這些思想，那麼，我們每個人將各有兩種思想。

——蕭伯納

星際新體驗

# 馬車越空，噪音越大

一天上午，父親邀我一同到林間漫步，我高興地答應了。

父親在一個彎道處停了下來。

在短暫的沉默之後，他問我：「除了小鳥的歌唱之外，你還聽到了什麼聲音？」

我仔細地聽，幾秒鐘之後我回答他：「我聽到了馬車的聲音。」

父親說「對，是一輛空馬車。」

我問他：「我們又沒看見，您怎麼知道是一輛空馬車？」

父親答道：「從聲音就能輕易地分辨出是不是空馬車。馬車越空，噪音就越大。」

後來我長大成人，每當我看到口若懸河、粗暴打斷別人的談話、自以為是、目空一切、貶低別人的人，我都感覺好像是父親在我的耳邊說：「馬車越空，噪音就越大。」

第六單元

# 我發現……

## 點亮星空

「啊，我發現……」你一定有這樣興奮的時刻！這次就請你把它們寫出來，讓大家來分享發現的快樂。可以寫學習中的發現，可以寫實驗後的發現，可以寫平時觀察中的發現……

## 思路流星雨

我發現——馬小跳是世界上最調皮的學生！

那我也發現——路曼曼是全宇宙最麻煩的同桌！

我發現，「冤家對頭」這個詞語就是專門用來形容你們兩個的！

我：＿＿＿＿＿＿＿＿＿＿＿＿＿＿＿＿＿＿＿＿＿＿＿＿

# 觀察田螺

黃浩。

我們生物小組養了許多田螺，小組活動時，我們就聚集在自然教室裡觀察牠們的生活習性。

田螺是一種背上長有螺殼的軟體動物。大的足有乒乓球那麼大，小的就像芝麻粒。牠們大都棲息在微生物眾多的水塘和小河溝裡，偶爾也隨波逐流到水田裡安家。

黑綠色的螺殼非常堅硬，頂頭尖，開口粗。硬殼上有一條凹陷的螺線，從尖頂端盤旋而下，一直延伸到出口。螺殼口上有一個圓形的硬片，那就是螺蓋。這硬殼就是田螺的房子，牠走到哪兒就

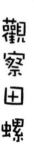

把房子搬到哪兒。牠什麼時候累了，就鑽進房子裡舒舒服服地睡上一覺。萬一遭到「敵人」的襲擊，只要躲進螺殼把蓋兒一關，就平安無事了。要是哪隻饞嘴的鴨子誤吞了田螺，非得肚子疼不可。

我們還發現了田螺出殼的祕密。只要想辦法讓田螺周圍的溫度稍微升高一些，田螺就乖乖地從殼裡爬出來。我們把一隻田螺放在溫水裡，不一會兒螺蓋兒輕輕地張開了，緊接著，田螺伸出一對鼓腿似的觸角，悄悄地向四周探索一番，感到確實安全可靠了，才把頭慢慢伸出來，然後整個身子也慢吞吞地爬出了螺殼。那個空螺殼就漸漸移到了牠的背上。

別看田螺的身子又小又弱，渾身肉乎乎的沒有一根骨頭，可是牠卻能搬動比自身重得多的大螺殼，穩穩當當地往前爬，真是了不起的大力士。

我們輕輕地把田螺從水裡取出來放在紙上。牠的肉足就像一個吸盤牢牢地貼在紙上，緩緩地向前移動，後面留下了一行濕濕的足跡。要是用手指輕輕碰一下牠的頭，牠就立刻把身子縮進殼裡。過了好一會兒，牠才又小心翼翼地爬出來。我們抓住螺殼，試著把牠從紙上提起來，沒想到牠竟連紙一起帶了上來。牠的肉足有這麼

大的吸附力呀！怪不得牠背著那麼大的螺殼都不摔跟頭呢！一個同學從書包裡拿出一塊香橡皮，立在田螺前面不遠的地方。田螺好像嗅到了香味似的，徑直朝橡皮爬去，竟把橡皮給撞倒了。同學們哈哈大笑起來。後來，我們又把田螺放回水裡，牠高興地翻過身來，利用水的浮力倒著游起泳來，而且越游越快，激起一串串小小的浪花。牠的精彩表演引起了一片掌聲。大家誇牠是「仰泳健將」。

生物小組的活動豐富了我們的知識，使我們認識了許多新鮮事物。下一次，我們就要研究田螺的軟體結構了。

### 林藍老師的話

本文是從觀察實驗的角度來描寫田螺這一軟體動物的。文章先是介紹田螺的外型，對外部結構螺殼的介紹最為詳細。接著寫牠的生活習性，先是放進溫水裡，觀察牠的內部結構，以及出殼和爬行的情況。再是把牠放在紙上，看出牠肉足的強大吸附力。用一塊香橡皮，證明田螺能識辨香味。文章還寫牠會在水中游泳。通過這些生活習性的介紹，使讀者對這一不起眼的小動物有了進一步的了解。

# 一次有趣的實驗

王瑋

我們都見過老鼠，並且知道老鼠的嘴周圍長著許多鬍子。為什麼每隻老鼠都長著鬍子呢？我問過一些老師和同學，他們只是說老鼠長鬍子是一種生理現象，和人一樣，沒什麼大驚小怪的。可是，人是男的長鬍子，女的不長，為什麼老鼠不分雌雄都長鬍子呢？我決心把它弄個水落石出。

今天，爸爸媽媽收拾我家存放糧食的小屋子，在屋子的一角發現了一個老鼠洞。我想捉幾隻老鼠做實驗，就先用篩子蓋住前洞，然後提來一桶水，從後洞往裡灌，果然，逮住了幾隻老鼠。說來也巧，其中正有一雌一雄兩隻大老鼠。我靈機一動，趕緊找來細繩拴好鼠腿，然後，又找來剪刀，把雌鼠的鬍子剪掉，接著把這兩隻老鼠放在洞口附近。我發現那隻雄鼠用鬍子探測了一下周圍，然後便機靈地鑽進洞裡。而那隻雌鼠呢？東跑西撞，卻怎麼也找不著洞口了！

「這麼看，老鼠的鬍子作用還真不小呢！」

我一邊自言自語，一邊想：老鼠常常在夜裡出來偷糧食吃，為什麼牠們能夠做到摸黑照樣偷糧食呢？難道真的是老人們常說的「老鼠有夜眼」嗎？這鬍子跟夜裡偷糧食有沒有關係呢？於是，我決定把這次有趣的實驗進行到底。

到了晚上，我把燈關上，把剪去鬍子的兩隻老鼠放在地上。借著窗戶射進來的淡淡的月光，我欣喜地發現，這一雌一雄兩個小東西正盲目地東躥西撞，不時發出「吱吱」的叫聲，卻總也找不到洞口。

這是一次多麼有趣的實驗啊！更有意義的是，通過自己的親自實踐，我終於明白了：原來老鼠是用鬍子探路的啊！

我發現……

七嘴八舌

我覺得老鼠長鬍子的原因是因為貓的嘴上也長有鬍子！

真是一派胡言，照你這麼講蛇也應該長鬍子，因為蛇也會吃老鼠。

看來生活中到處都是學問。看了這篇文章，又學到了一點知識。

# 窗子

世界上有許多各式各樣〔「許多」和「各式各樣」重複〕的窗。

原先〔「原先」是口語，可改為書面語「起初」〕，世界上是沒有窗子的。後來，有人覺得要透光、要換氣，便開了一扇窗。再後來，窗子為了不讓外面的人看見裡面而閉上了。有人還發明了一種「單向玻璃」，只准裡面看外面，不准外面看到裡面。於是，本來是為了讓溫暖陽光映入屋內每個角落、驅散黑暗的窗，變為了裡面的人和外面的人相互窺視的工具。

有的人，有間很漂亮的房子，同樣也有很漂亮的窗戶。很漂亮的窗戶上，安著用美麗的顏色〔「美麗的顏色」怎能凝成「玻璃」和「窗帘」？〕凝成的美麗玻璃及美麗窗帘。一眼看上去，似乎看到光彩奪目的房間裡面是多麼美麗，主人是多麼熱情……但是那只是掛在房裡的窗帘而已。如果主人真的美麗熱情，房間真的光彩奪目，那麼為什麼不打開窗讓人欣賞它的美麗呢？

我也有一扇漂亮的窗，開心時和傷心時都一樣。我畫了一個大大的機器貓貼在窗前，畫得如此逼真，導致它都會在畫上說說笑笑，蹦蹦跳跳。〔「導致」一詞用得不準確，因為「它都會在畫上說說笑笑，蹦蹦跳跳」並非「畫得逼真」的實際效果，而是一種虛幻的感受。〕開心時我總是自己在屋子裡瘋鬧，讓機器貓向外面說說笑笑，我躲在屋子裡樂，不讓別人看到。傷心時機器貓仍在向外說說笑笑，我在最黑暗的角落裡哭泣，別人看不到。別人只會以為屋子裡住著一隻每天歡笑的機器貓。也好，讓他們保留一份小小的幻想，也是一種快樂，一種對小孩子們的安慰。

有一扇窗子已經很舊了，窗臺上盡是剝落的泥塵，窗子上沒有窗帘，只有幾張破碎的薄紙在風中無聲地啜泣，那似乎是一扇古廟的舊窗戶，如此無力地悲哀〔「啜泣」與「悲哀」和本段氣氛不相適，應刪去〕。但是窗戶裡面……窗戶裡面全是五彩的陽光，美麗如上帝的眼睛。

其實，每個人心底都有一扇或開或閉的窗。有的人只會窺視他人的心，有的人強顏歡笑，有的人忍氣吞聲……世界上沒有同樣的人，也沒有同樣的窗。但是，他們還是同樣美麗的，不是嗎？〔「只會窺視他人的心」不能稱為美麗的窗。〕「沙漠

之所以如此美麗，是因為沙漠盡頭有一口井。」──《小王子》

人們之所以美麗，也是因為人們心中有一扇看不見的窗。

窗，代表這個人的心，窗就是「人」的基本形態。抽去這一扇窗，這個人就會變為一堆朽木，燃盡在世界的盡頭。

人們何時方能敞開窗呢？敞開自己的心，不用任何的鎖鎖住自己的心？

美麗的窗，請敞開吧！

# 大自然的祕密

伯羅蒙塞爾

我和七個旅行同伴及一個生物學家嚮導，結隊到達南太平洋加拉巴哥島。我們去那裡旅遊的一個目的是，這個海島上有許多太平洋綠龜用來孵化小龜的巢穴，我們想實地觀察一下幼龜是怎樣離巢進入大海的。

太平洋綠龜的體重在一百五十公斤左右，幼龜不及牠的百分之一，幼龜一般在四五月間離巢而出，爭先恐後爬向大海。只是從龜巢到大海需要經過一段不短的沙灘，稍不留心便可能成為鷹等食肉鳥類的食物。

那天我們上島時，已近黃昏，我們很快就發現一個大龜巢，突然，一隻幼龜率先把頭探出巢穴，卻又欲進而止，似乎在偵察外面是否安全。正當幼龜躑躅不前時，一隻潮鷹突兀而來，牠用尖嘴啄幼龜的頭，企圖把牠拉到沙灘上去。

我和同伴緊張地看著眼前的一幕，其中一位焦急地問嚮導：「你得想想辦法

啊！」嚮導卻若無其事地答道：「叼就叼去吧，自然界之道，就是這樣的。」

嚮導的冷淡，招來了同伴們一片「不能見死不救」的呼喚。嚮導極不情願地抱起小龜，把牠引向大海，那隻潮鷹眼見著到手的美食給抱走，只能頹喪地飛走了。

然而接著發生的事卻使大家極為震驚。嚮導抱走幼龜不久，成群成群的幼龜從巢口魚貫而出。現實很快使我們明白：我們原來幹了一件愚不可及的蠢事。

那隻先出來的幼龜，原來是龜群「偵察兵」，一旦遇到危險，牠便會返回龜巢。現在幼龜被嚮導引向大海，巢中的幼龜得到錯誤資訊，以為外面很安全，於是爭先恐後地結伴而出。

黃昏的海島，陽光仍很明媚。從龜巢到海邊的一大段沙灘，無遮無擋，成百上千的幼龜結群而出，很快引來許多食肉鳥，牠們確實可以飽餐一頓了。

「天啊！」我聽見背後有人說：「看我們做了些什麼！」

這時，數十隻幼龜已成了潮鷹、海鷗、鰹鳥的口中之物，我們的嚮導趕緊脫下頭上的棒球帽，迅速抓起數十隻幼龜，放進帽中，向海邊奔去。我們也學著他的樣子，氣喘吁吁地來回奔跑，算是對自己過錯的一種補救吧！

一切都過去以後，數十隻食肉鳥吃得飽飽的，發出歡樂的叫聲，響徹雲霄。兩隻潮鷹仍靜靜地佇立在沙灘上，希望能捕捉到最後一隻迷路的幼龜做佳餚。我和同伴們低垂著頭，在沙灘上慢慢前進。似乎在這群凡人中間，一切都寂然靜止了。終於，嚮導發出了他的悲歎：「如果不是我們人類，這些海龜根本就不會受到傷害。」

人是萬物之靈。然而，當人自作聰明時，一切都可能走向反面。

——選自《中華活頁文選》（小學版）

## 星光寶盒

撲棱　蟲豸　狡猾　乖巧　搖曳　素雅　灌木　婆娑

嘰嘰咕咕　瘦骨嶙峋　野性難馴　巍然不動

生機盎然　荊棘叢生　姹紫嫣紅　萬木崢嶸

自作聰明　自以為是　弄巧成拙　痛心疾首

鹽是鹹的，但對菜餚不可少；真理是苦的，但對未來有益處。

——諺語

星際新體驗

## 哈哈短信息

1現在請摸摸臉，對著鏡子笑一笑，如果膚色粉紅、臉上的絨毛嫩而柔軟，那麼說明很健康。好了，這次我們的《養豬知識講座》就到這裡！

2當我狠下心扭頭離去的那一刻，你在我身後無助的哭泣和撕心裂肺的痛楚，讓我剎那間明白我是多麼地愛你，我猛地轉身哭著把你抱緊並喊道：「這頭豬，我不賣啦！」

第七單元

# 文章縮寫

## 點亮星空

學習了《小抄寫員》之後，是不是覺得很感動？是不是很想向別人復述這個動人的故事？先試著用二三百字的篇幅講出這個故事的梗概來，注意內容要完整，重點要突出！

## 思路流星雨

這個還不簡單，看哪個字不順眼，刪掉不就得了！
那要是字字都看著不順眼怎麼辦呢？
我：______________________________

# 縮寫《小抄寫員》

李瑩瑩

敍利奧是一位十二歲的小學生。他的父親是一位小職員，一家人生活清苦。

父親白天在鐵路局工作，晚上從別處接了文件來抄寫，以補貼家用。一次，敍利奧要幫父親抄寫簽條，但父親拒絕了。於是，懂事的敍利奧每天晚上等父親睡了以後，便悄悄來到父親寫字的房間抄寫起來，父親也一直沒有發覺。有一天，敍利奧因過度疲勞，在做功課時竟睡著了，敍利奧的學習也不及以前用心了，因此招來父親多次的責

罵。敍利奧默默地承受著一切，仍舊堅持深夜起來抄寫簽條。

直到有一天深夜，敍利奧在抄寫時不小心將一本書碰落在地，驚醒了父親……此時此刻，父親明白了一切，心中充滿了無限的懊悔和慈愛。他抱起兒子，把他放到了母親的懷裡。

林藍老師的話

在原文的基礎上保留「主幹」，剪去「枝葉」，就是縮寫的基本方法。本文保留了故事的主要內容，並在此基礎上用高度概括的語言縮寫次要內容，語言簡練，條理清楚，又保留了故事的完整性，是一篇較成功的縮寫習作。

# 縮寫《小抄寫員》

蘇丹

敍利奧是小學五年級的學生，他父親是鐵路局的職員，一家人過著很苦的生活，錢總是不夠用。為了維持一家人的生活，父親每天晚上接文件回來抄寫，父親從不讓敍利奧插手，想讓他學好功課。可敍利奧怕父親勞累，天天晚上偷偷地幫父親抄寫。因為夜裡工作太晚，敍利奧白天總是打瞌睡，嚴重影響了學習。父親總是責罵他，漸漸地，父親對他冷淡了。

敍利奧也非常難過，但經過幾次內心掙扎後，他還是幹下去了。直到一天夜裡，敍利奧幫父親抄寫的時候不小心碰倒了一本書，驚醒了父親，父親看到這情景後悔極了，敍利奧也睡了四個月來的第一個好覺。從此以後，父親也更疼愛他了。

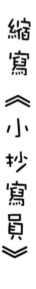

## 林藍老師的話

縮寫，不僅要抓住原文的主要內容，具有較完整的情節，而且要突出原文主題。本文簡要地敘述了敘利奧替父抄寫、受到父親誤解責備後痛苦難受、最終重新得到父愛的故事，突出了「父子情深」這個主題。

# 縮寫《小英雄雨來》

李曉娜

晉察冀邊區的北部有一條還鄉河，河邊有一個村子，叫蘆花村，十二歲的雨來就住在這個村裡。

夏天，雨來常和夥伴們在河中玩耍，練就了非常高竿的游泳本領。秋天，爸爸把雨來送進了夜校，雨來照著課本跟女老師一遍又一遍地念：「我們是中國人，我們愛自己的國家。」

一天，爸爸趁黑回來對媽媽說鬼子又要來掃蕩了。第二天，交通員李大叔果然被鬼子追趕來到了雨來家。雨來為掩護李大叔，不幸被捕。鬼子用刺刀威逼、糖塊利誘，還對雨來嚴刑拷打，可雨來總是說：「我在屋裡，什麼也沒看見。」鬼子老羞成怒，把雨來拉到河沿上槍斃。聽到槍聲，人們都為雨來的死感到惋惜。

鬼子走後，鄉親們到河沿上尋找雨來的屍體，卻發現雨來沒有死。原來槍響之

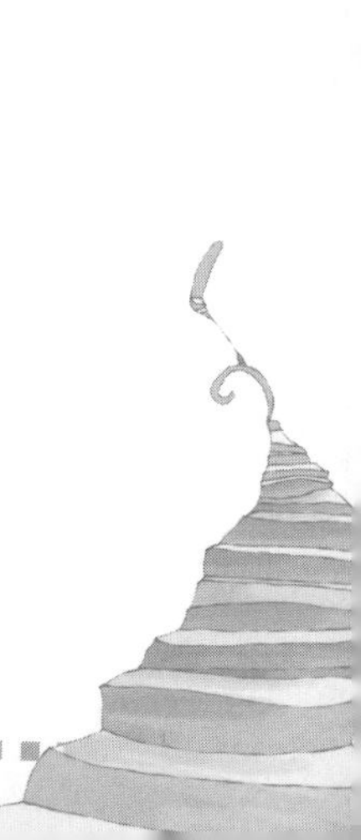

前，雨來趁鬼子不備，一頭扎到河裡從水底游到遠處去了。

## 七嘴八舌

嘿！「雨來」可是我最崇拜的偶像呢！

抓住文章的中心，用簡潔、概括的語言再現故事情節，便是縮寫的祕訣！

# 縮寫《牛郎織女》

劉恒

古時候有個孩子，爹媽都死了，跟哥哥嫂子過日子，哥哥嫂子待他不好，他天天放牛，與牛很親密。別人見他放牛，就叫他牛郎。牛郎照看那條牛很周到。

牛郎漸漸長大了。哥哥嫂子趕牛郎走。牛郎牽著牛，拉著車在山前邊蓋了一間茅屋，種些莊稼。有一天，牛開口對牛郎說：「明天黃昏你到山那邊的湖邊，撿起一件粉紅色的衣裳，到樹林裡等，向你要衣裳的仙女將成為你的妻子。」

牛郎按照老牛的話去做，等到了一位姑娘。他們倆各自訴說自己的遭遇。牛郎與織女結了婚。

從此，牛郎在地裡耕種，織女在家裡紡織。日子過得挺美滿。一天，牛死了，牛郎剝下了牛的皮。王母娘娘知道了牛郎織女，就把織女抓走了。牛郎披上牛皮，帶孩子去追，王母娘娘在牛郎與織女中間劃了一條銀河，牛郎飛不過去。

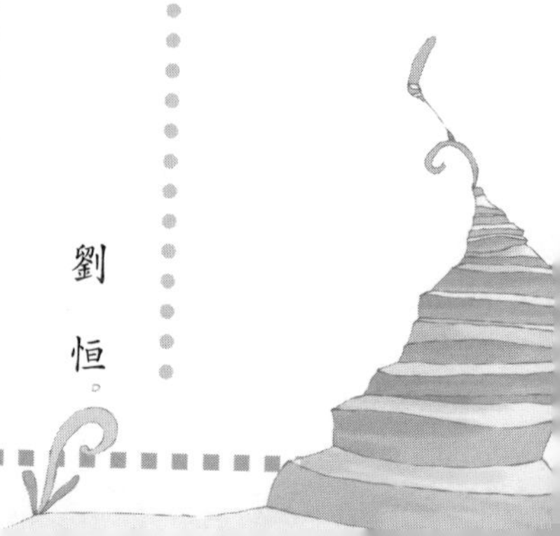

王母娘娘允許織女每年七月七日跟牛郎會一次面。每年的這一天，成群的喜鵲在天河上邊搭一座橋，讓牛郎織女在橋上會面。

## 七嘴八舌

原來「牛郎織女」的故事是這樣的啊！好感人啊！

你以前都沒聽說過？真是孤陋寡聞！

縮寫民間故事，要注意語言的通俗化、口語化。

# 縮寫《小抄寫員》

敍利奧是小學五年級的學生，十二歲，是個黑頭髮、白皮膚的男孩子。他的父親是鐵路局的小職員，家裡人多，因此一家人過著清苦的生活。父親很愛敍利奧，對他的功課一點兒也不放鬆。他希望兒子早點兒畢業，找個好點兒的工作，來補貼一家人的生活。

父親白天在鐵路局工作，晚上又從別處接了文件回來抄寫，敍利奧每天晚上到了十二點鐘就起來工作。

後來他父親發現了，抱著他睡覺去了。因為他父親很後悔，很難過。

林藍老師的話

作者顯然沒有把握縮寫的要領，比如說：縮寫時不能遺漏文章的主要內容、主要情節，而作者卻把敘利奧怎樣幫助父親抄寫簽條這一主要內容遺漏了；再者，縮寫時要保持故事的完整性，但這篇習作中有些內容銜接不上；還有一點，縮寫時，次要內容要高度概括，而作者卻在文中的第一段裡花了許多筆墨來寫次要的內容。

# 縮寫《老人與海》

胡亞平

桑提亞哥是古巴的一個老漁夫，他年輕時非常出色，強健有力，他曾經和一個黑人比賽扳腕子，比了一天一夜，最後戰勝了對手。到了晚年，他的經歷和反應都不如從前，老婆死後，他一個人孤獨地住在海邊簡陋的小茅棚裡。

有一段時間，老漁夫獨自乘小船打魚，他接連打了八十四天，但一條魚也沒有捕到。本來，一個叫曼諾林的男孩子總是跟他在一起，可是日子一久，曼諾林的父母認為老頭走霉運，吩咐孩子搭另一條船出海，果然第一個星期就捕到了三條好魚。孩子見到老頭每天空船而歸，心裡非常難受，總要幫他拿拿東西。

桑提亞哥瘦削憔悴，後頸滿是皺紋，臉上長著疙瘩，但他的雙眼像海水一樣湛藍，毫無沮喪之色。他和孩子是忘年交。老頭教會孩子捕魚，孩子很愛他。村裡很多打魚的人都因為老頭捉不到魚拿他開玩笑，但是在曼諾林的眼裡，老頭是最好的

漁夫。他們打魚不但是為了掙錢，而且是把它看做共同愛好的事業。孩子為老頭準備飯菜，跟他一起評論壘球賽。老頭特別崇拜壘球好手狄馬吉奧。他是漁民的兒子，腳跟上雖長有骨刺，但打起球來生龍活虎。老頭認為自己雖然已經年邁，體力不比壯年，但他懂得許多捕魚的訣竅，而且決心很大，因此他仍是個好漁夫。

老人和孩子相約第二天，也就是第八十五天一早一起出海。天還沒有亮，老頭已經放下魚餌。魚餌的肚子裡包著魚鉤的把子，魚鉤的突出部分都裹著新鮮的沙丁魚。魚餌香氣四溢，味道鮮美。

正當桑提亞哥目不轉睛地望著釣絲的時候，他看見露出水面的一根綠色竿子急遽地沉入水中。他用右手的大拇指和食指輕輕捏著釣絲。接著釣絲又動了一下，拉力不猛。老頭明白，一〇〇英里之下的海水深處，一條馬林魚正在吃魚鉤上的沙丁魚。他感覺到下面輕輕地扯動，非常高興。過了一會兒他覺得有一件硬梆梆、沉甸甸的東西，這分明是馬林魚的重量，他斷定這是一條大魚。這激起他要向牠挑戰的決心。

老人先鬆開釣絲，然後大喝一聲，用盡全身的力氣收攏釣絲，但魚並不肯輕易

屈服，非但沒有上來一英寸，反而慢慢地游開去。老頭把釣絲揹在脊梁上增加對抗馬林魚的拉力，可是作用不大，他眼睜睜地看著小船向西北方飄去。老頭想，魚這樣用力過猛很快就會死的，但四個小時後，魚依然拖著小船向浩瀚無邊的海面游去，老頭也照舊毫不鬆勁地拉住揹在脊梁上的釣絲。他們就這麼對抗著。

——選自《塔子壩中學名著縮影》

## 星光寶盒

潑辣　陰險　刁蠻　圓滑　浮躁　焦灼　坦率　磊落

機敏　專注　虛弱　堅毅　憐憫　茫然　襤褸　聰慧

熱情　爽朗　敏捷　機靈　靈巧　歡快　儒雅　溫順

胸懷坦蕩　火上澆油　不甘示弱　交口讚譽

胸無城府　言不由衷　疲憊不堪　心不在焉

面黃肌瘦　含情脈脈　賊眉鼠眼　左顧右盼

蠅營狗苟　聲淚俱下　老氣橫秋　問心無愧

笑口常開　龍騰虎躍　理直氣壯　慢條斯理

不能憑最初的印象去判斷一個人；美德往往以謙虛鑲金邊，缺點往往被虛偽所掩蓋。

——拉布呂耶爾

# 包涵

有個讀書人窮得響叮噹，但他死要面子，在外總吹噓自己家很有錢。

有個小偷聽到了，信以為真，便潛入他家行竊，卻發現什麼值錢的東西也沒有。小偷氣極了，喃喃地罵道：「真是個窮鬼！」便準備離開。

那讀書人聽見了，連忙摸出枕邊僅有的幾個小錢，遞了上去，塞給那小偷，對他說道：「你這次來我家受到怠慢，我十分抱歉。但請你在外面一定給我包涵，千萬不要說我家窮得什麼東西也沒有！」

第八單元

# 想說就說

## 點亮星空

這次作文不限制題目，也不限制內容。大家想寫什麼就寫什麼，可以是大自然秀美的山川、變幻的風雲雨雪，可以是千姿百態的事物、各種各樣的人物，也可以是……

## 思路流星雨

這可有點頭痛，不出題目，怎麼寫呢？

不限制題目，就是讓你自由發揮，寫一些你平時想說又沒機會說的話！

哎，有了！我就寫那次和丁克舅舅的「暴走族」經歷，那次真是太過癮了！

我：______________________________

# 做你自己

當妹妹頭流行的時候，女孩子們紛紛剪掉秀麗的長髮，去趕這個時髦。若是秀氣水靈的，倒也無所謂，倘是圓頭大腦的，剪個妹妹頭就不堪入目了！當「酷」字登陸中國時，人們便將它常掛在嘴邊。但若是平素清純活潑的主持人也「酷」來「酷」去，就顯得有些不倫不類了。所以，做你自己，亮出你的個性風采才是最好的。

鄭素虹。

做你自己，因為你就是你，在你的身上有獨一無二的個性。個性的東西因為與眾不同才分外精彩。由於個性的存在，這個世界才不會被流行色彩塗抹得單調乏味，人們才不會像同一範本裡成批訂做的一樣，千篇一律、呆板老套。在歌壇上，王力宏的搖滾風采獨具，張信哲的情歌受人青睞……就是這魅力獨具的個性色彩才將這個世界裝扮得精彩紛呈。若盲目追求流行、模仿他人，恐怕你眼中的世界就不像現在這樣五彩繽紛了。

做你自己，即使容貌再相似，也掩不住你獨有的氣質，你沒有理由不珍惜自己，更沒有理由不讓生活多彩多姿！要讓所有人都欣賞你，而不是旋轉在偶像的影子裡，唱著別人的歌謠，跟隨別人的腳步！不要迷失自己，要相信這世界由於你的存在更具風采！

做你自己，因為別人的東西不一定適合你，好比薛寶釵不適合去葬花，張飛不適合去搖鵝毛扇一樣。美好的東西不勝其多，然而只有在恰當的時間、恰當的地點、發生在特定的人身上，美好才會真正體現出來。否則，不成東施效顰的笑柄，也要留下張冠李戴的遺憾。

做你自己，看清真實的自我，拿出十二分的信心告訴自己：「我就是我！」拋掉那些人為的浮華雕飾，亮出你的王牌，追求你的個性，做你自己，最好！

### 林藍老師的話

一篇真實的文章必然是自我的再現。讀完此文，眼前立刻出現一個英氣勃發、獨立、自信而純真的女孩形象。作者開門見山，開篇便擺出自己的觀點，然後通過三個「做你自己」進行闡述，一瀉千里，一氣呵成。在充分的表達出自己的觀點之餘，塑造了一個真實的自我。

# 希望生個小病

古傅佳

看了這個題目，大家一定會以為我神經有什麼毛病。其實，我神志很清楚，身體也很健康。「希望生個小病」是我發自內心的一種感受。當然，我不是希望疾病給我帶來痛苦，而是希望永遠得到生病時爸爸媽媽給我的那種慈祥溫柔的愛。

我的爸爸是一名軍官，長期的部隊生活，使他養成了嚴厲刻板的性格。媽媽在一所醫院工作，幹什麼事都不甘落後。平時，爸爸媽媽對我很嚴格。每天中午，他們讓我在家看書；晚上，也不讓看太多的電視節目，並要求晚上九點必須睡覺。

有時，我做錯了事，必定受到爸爸的嚴厲責罵。爸爸媽媽都很愛學習，他們已經三十多歲了，還分別參加了大學本科和大專函授學習。他們愛學習，對我的學習要求就更嚴格。我在班裡學習還可以，每次考試不下九十分，但很難得到爸爸媽媽的表揚。有時考試成績不太理想，爸爸媽媽還要訓斥我兩句。爸爸給我買了許多課

外讀物，並經常指定閱讀篇目，還給我報了個英語班，讓我利用課餘時間參加學習。老實說，有時候面對那麼多的作業和爸爸媽媽過高的要求，我真感到有點累和緊張，甚至有點害怕和討厭我那嚴厲的爸爸。

但每當我生病的時候，爸爸媽媽對我的態度就完全變成了另一個樣子，那時，我才真正感到爸爸媽媽是世界上最愛我、最疼我的人。前幾天，我又生病了，這次是出水痘，病情比較嚴重。我看得出來，爸爸媽媽都很著急，有空就圍著我轉，我成了真正的小公主。在生病的幾天裡，媽媽每天白天請假在家陪我玩，晚上和我一起睡。

我發燒的時候，晚上睡不著，媽媽一會兒起來給我倒水，一會兒起來用酒精給我擦身體降溫，折騰得媽媽一晚上也休息不了。這段時間，爸爸也變得和藹多了，經常過來摸摸我的頭，親親我的臉，還給我買了許多好吃的東西，使我感受到了爸爸少有的溫柔。

病中的生活，使我感到爸爸媽媽是最愛我的，也使我能諒解他們平時對我的嚴格要求。但無論如何，我都有兩個心願：一願有一個健康的身體，永遠沒有病痛的

折磨；二願永遠能夠得到我生病時爸爸媽媽給我的那種溫馨的疼愛。

## 七嘴八舌

世界上還有喜歡生病的人嗎？作者為何「希望生個小病」呢？

作者的父母平常對她太過嚴肅，只有在生病的時候才能感受到他們少有的溫柔，所以她才「希望小病」！

看來作者真正希望的是父母能多給她一些溫馨的愛！

# 鑰匙

去年，剛〔「剛」字用在這裡顯得概念模糊〕搬入新家，媽媽把一串明晃晃的鑰匙放入我手心：「競競，你也長大了，可不要老依靠大人。以後進門要隨手關門，出門要記得鎖門，知道嗎？」

我把鑰匙緊緊地攥在手心，小時候，多少次懷著神聖〔**「神聖」意為極其崇高而莊嚴，用在此處詞義過重**〕的心情，仰著頭，看著媽媽熟練地掏出鑰匙，隨著「吱嘎」一聲響，門就自動彈開了。可現在，我再也不是那個整天纏著大人的那個〔**重複**〕嬌滴滴的黃毛小丫頭了，我要在屬於我自己的一片天地展翅飛翔了！我撫摸著那串在陽光下閃爍著燦爛光芒的鑰匙，儼然已經是一個小主人了。

本期望生活從此因這串鑰匙增添新的活力，注入新的希望，可沒想到生活仍然是一成不變。如果和媽媽一起外出，回家裡當然是媽媽擁有開門的權力；好不容易一次上完課獨自回家，剛掏出一直隨身攜帶的鑰匙準備開門，門已被媽媽輕輕地拉

開了，伴著一聲輕輕的問候：「學得還好吧？〔**若刪去則效果更佳。**〕肚子一定餓了吧？飯已經做好了。」望著媽媽甜甜的笑臉，我心裡不由得湧出一股淡淡的悵然。久而久之，那串鑰匙已被無微不至的關懷塵封，飛翔的夢只能被我深深埋藏在心底。

又是一個放學歸來的日子〔**此句不通順，可改為「一天放學歸來」**〕，剛把書包放下，媽媽便為我端來熱氣騰騰的飯菜，對我說：「競競，明天媽媽有事，可能你上完課得自己回家，飯菜都準備好了，放在冰箱裡，放在微波爐裡一熱就行了……」媽媽嚼了一大通飽含關切之情的囑咐〔**「囑咐」用「嚼」來形容是貶是褒呢？**〕，可我早已無心聽下去。有事？自己回家？那不意味著……〔**此句話淺顯而多餘。**〕我下意識地掏出「失寵」半年多的鑰匙，輕輕拭去薄薄的一層灰塵〔**既然隨身攜帶，鑰匙何來「薄薄的一層灰塵」？**〕，依然明晃晃光彩照人。

第二天，我特地把那串鑰匙掛在了筆袋的掛鏈上。凝望靜靜懸著的鑰匙，我興奮、激動、緊張——心裡彷彿有一隻奔跑著的小老虎〔**改為「小馬駒」則更為恰當**〕。時間如流星劃過天空般在不知不覺中飛逝，我回家的步子格外輕快。「蹬蹬

蹬……」我三步併兩步跳上樓梯，大步流星地走到家門口。手中的鑰匙已被握得滾燙，伴著心裡「咚咚咚」敲個不停的小鼓，我把手中的鑰匙伸向了鎖眼——

挨到了鎖眼的一剎那，門「吱嘎」一聲開了，傳來了媽媽甜甜的嗓音：「我今天特意提早趕回家。唉，總放心不下……」

「哐！」鑰匙從我的手心悄悄滑落（悄悄滑落可發不出「哐」那樣的響聲）。

# 匆匆

朱自清

燕子去了，有再來的時候；楊柳枯了，有再青的時候；桃花謝了，有再開的時候。但是，聰明的，你告訴我，我們的日子為什麼一去不復返呢？——是有人偷了他們吧：那是誰？又藏在何處呢？是他們自己逃走了吧：現在又到了哪裡呢？

我不知道他們給了我多少日子；但我的手確乎是漸漸空虛了。在默默地算著，八千多日子已經從我手中溜去；像針尖上一滴水滴在大海裡，我的日子滴在時間的流裡，沒有聲音，也沒有影子。我不禁頭涔涔而淚潸潸了。

去的儘管去了，來的儘管來著；去來的中間，又怎樣地匆匆呢？早上我起來的時候，小屋裡射進兩三方斜斜的太陽。太陽他有腳啊，輕輕悄悄地挪移了；我也茫茫然跟著旋轉。於是——洗手的時候，日子從水盆裡過去；吃飯的時候，日子從飯碗裡過去；默默時，便從凝然的雙眼前過去。我覺察他去的匆匆了，伸出手遮挽

時，他又從遮挽著的手邊過去，天黑時，我躺在床上，他便伶伶俐俐地從我身上跨過，從我腳邊飛去了。等我睜開眼和太陽說再見，這算又溜走了一日。我掩著面歎息。但是新來的日子的影兒又開始在歎息裡閃過了。

在逃去如飛的日子裡，在千門萬戶的世界裡的我能做些什麼呢？只有徘徊罷了，只有匆匆罷了；在八千多日的匆匆裡，除徘徊外，又剩些什麼呢？過去的日子如輕煙，被微風吹散了，如薄霧，被初陽蒸融了；我留著些什麼痕迹呢？我何曾留著像遊絲樣的痕迹呢？我赤裸裸來到這世界，轉眼間也將赤裸裸的回去吧？但不能平的，為什麼偏要白白走這一遭啊？

你聰明的，告訴我，我們的日子為什麼一去不復返呢？

——選自《朱自清文集》

## 星光寶盒

謙遜　婉轉　清亮　激越　輕柔　靈活　騰越　漫步
眷戀　喧嘩　喝彩　數落　挑撥　滋事　遮挽　飛逝
佇立　童趣　嘮叨　稱頌　呵斥　詰問　譏諷　取笑
掩耳盜鈴　七彩世界　千奇百怪　活蹦亂跳
喜出望外　肅然起敬　記憶猶新　津津樂道
指手畫腳　舉止大方　針鋒相對　口是心非
芳香撲鼻　香氣逼人　窗明几淨　心靈手巧
油然而生　垂頭喪氣　風起雲湧　泣不成聲

世間最美好的東西，莫過於有幾個頭腦和心地都很正直的嚴正的朋友。

——愛因斯坦

# 記憶力最強的人

印度有個叫斯．馬赫傑凡的二十三歲的年輕人，他是班加羅爾市學習心理學的在校大學生，他的記憶力驚人。在一次記憶力比賽活動中，他創造了在三小時三十九分鐘之內，熟記並背誦了三一八二個單詞的紀錄，超過原世界紀錄九小時十四分鐘背誦二一八〇三一個單詞，從而創造了新的世界紀錄。

有沒有算過：你一小時可以記多少個單詞呢？

## 考題設計

### 讀書之樂

書，是大家親密的夥伴，讀書其樂無窮。你可以跟著賣火柴的小女孩哭，可以跟著孫悟空降妖除魔……每一個人都有自己的讀書感受，你覺得讀書又是什麼滋味呢？可以用具體事例寫寫讀書給你帶來的益處，可以用敘議結合的方法，將感受寫得具體一些。

### 教訓

俗話說：「聰明人不犯相同的錯誤。」之所以這樣說，是因為他們從上次的錯誤中吸取了教訓。在寫作「教訓」時，首先要抓住主題選好材料，即讓你印象深刻的，而且會讓人受到教訓啟發的事。要把事件過程交代清楚，並從中總結出教訓，在敘事的同時點明從中悟出的道理，注意要將敘事和感想結合起來。

## 我的課餘生活

在課餘時間，大家都做些什麼呢？也許是做作業或復習功課，讀各種課外書、上網學習或打電動，也許是參加各種體育活動，看電影、看電視、聽音樂會，也許是幫家長做家務，和全家外出旅遊……總之，無論課餘生活是單調枯燥還是豐富多彩，都要實話實說，力求寫出真情實感，令人難忘。

第九單元

# 漫話漫畫

## 點亮星空

漫畫是一種具有強烈的幽默性和諷刺性的圖畫。因為幽默，所以引人發笑；因為諷刺，所以開懷之餘又回味無窮。

## 思路流星雨

《假文盲》，你能體會到其中的深意嗎？

咦，站牌上明明寫的「母子上車處」，為什麼下面站的卻都是男人呢？

一群文盲唄！

一個人不識字還說得過去，一群人都不識字就不太可能了。我看，他們是故意的，想佔便宜先上車！

我：________________________________________

# 「假文盲」真自私

楊金旭

在華君武的漫畫中，幾個表面上十分和善的中年人，毫不在意地看著他們身旁的母女，好像在說：「哼，這個車道我們也可以用！」而那對可憐的母女只能眼睜睜地看著他們把「母子上車處」給霸佔了，那位母親好像在說：「求求你們不要霸佔我們的位置。」

可那四個男的卻故意站在那兒裝作不識字的樣子，其實他們只想以更快的速度上車，那對真正的母女只得無奈地站在一邊希望有人「拔刀相助」。

在我們的現實生活中也有許多這樣的例子。我記得那是一個非常炎熱的夏天，媽媽帶我到街上買菜，我看見人行道上到處都是垃圾。有些位置明明寫著「此處禁倒垃圾」，但那裡偏偏就有一堆堆如山的垃圾。

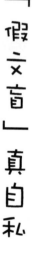

這時，我連走路的心情都沒了。突然我看見有一個胖乎乎的人提著一大桶垃圾，往那塊被人玷污的「請保護環境」的牌子走去，然後將垃圾向牌子倒去，最後那牌子就被垃圾給湮沒了。那塊曾經美麗、曾經為人服務的牌子，只能在垃圾堆裡啜泣，只能在沒有別人理睬它的垃圾裡抱怨了。

我看到這一切，心裡不停地發出感歎：難道世界上真有這麼多的假文盲，這麼多不顧及社會秩序、社會環境和社會公德的人嗎？我們不應該如此，我們應該相互關心、相互幫助、和睦共處。

### 林藍老師的話

作者由漫畫內容聯想到生活中的實際，有敘有議，揭露出現實生活中某些不良的風氣，讓人警醒，引人深思。文章佈局比較合理，內容層次清晰。

# 假文盲現形記

陳暄

奇怪，奇怪，真奇怪！車站裡母子上車的專用通道上竟擠滿男士，而一位身材瘦弱、懷抱小孩的婦女，卻站在通道的外邊被北風吹得瑟瑟發抖。「還要等多久才輪到我們母子上車呀？」婦女看著專用通道上的男士們，心裡默默念叨著。

再看那通道上的幾位男士，他們一個個相貌堂堂、衣冠楚楚，一副道貌岸然的樣子。母子專用通道上的第一位男士，他身穿一套深灰色呢子衣服，腳上的黑色皮鞋擦得油光閃亮，雙手斜插在口袋裡，顯得很有「風度」。他表情麻木，心安理得地站在「母子上車處」的告示牌下。緊跟在他後面的是一位瘦高瘦高的年輕人，在這流行穿軍裝的年代，他不知從哪兒弄來一頂棉軍帽戴在頭上，身上還穿著一件帶毛領的軍大衣。他雙眼微閉，似乎存心要躲避什麼，大概是「母子上車處」的告示牌太刺眼了吧，但優先上車的誘惑又使他不由自主地站在了專用通道裡。一個年紀

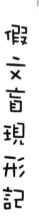

大約四十多歲的中年男子，全身上下「武裝」得最嚴實，他頭戴鴨舌呢帽，上身穿著羽絨襖，下身穿著羽絨褲，腳蹬一雙毛皮鞋，像個大絨包似的站在那兒。看他那模樣，我們就知道當天的溫度有多低。他眼簾低垂跟在別人後面，似乎要暗暗向人表示：我是跟在別人後面的，牌子上的字我不認識。

與前面三位表情不大相同的是第四位男士，你看他眼睛睜得大大的，大白口罩掛在耳朵上已遮住了大半個臉，他一會兒旁若無人地撣撣風衣上的灰塵，一會兒又彎下腰來用餐巾紙擦腳上穿的名牌皮鞋。看他那樣子，大概是因為口罩遮住了臉別人認不出才顯得那麼從容自若吧？他們一個個衣著入時，有的像高級公務員，有的像廠礦企業的職工，隨你怎麼看都不像鄉下不識字的農民呀！但他們卻對通道前的那塊「母子上車處」的告示牌視而不見，他們的表情分明告訴我們牌上的字我不認識！難道他們是身體有殘疾的文盲嗎？啞吧，他們一定是沒讀書的啞吧！只有這樣他們才不識字而站錯位置。

正當我為我的猜測而得意的時候，忽然聽到我心中的那幾位「聾啞殘疾人」正與一賣書報的小販討價還價的聲音傳來，我心中不由得一震，原來這幾個人不但不

是啞吧，還是能看書讀報的知識份子！於是我衝過去指著他們說：「你們這群假文盲，難道牌子上的字不認識嗎？」「唉，竟然有願意當睜眼瞎子！」旁邊等車的人們也紛紛指責他們，專用通道前面三位男士早就灰溜溜地躲到一邊去了，只有第四位戴口罩的男士瞪著眼睛朝我吼道：「你這小子沒吃過虧，多管閒事！」我也毫不示弱，大聲對他說：「你還要不要臉，不要臉幹麼用口罩遮著，你敢把口罩摘了讓大家看看你是誰嗎？」一言擊中要害。「大口罩」青年立即像霜打的茄子耷拉下眼皮，轉身走出了母子專用通道。

幾位抱孩子的母親被人們攙扶著走入了母子專用通道。不知誰領頭，候車月臺周圍響起了一陣熱烈的掌聲……

## 七嘴八舌

我覺得這個作者的想像能力太厲害了：從簡簡單單一幅漫畫、平平常常的四個人物中居然可以想出這麼多內容來。

我覺得作者對圖中四位男士的描寫尤其精彩：抓住人物特點，從人物的衣著、表情、動作和心理等方面進行精妙刻畫，使圖中人物血肉豐滿、栩栩如生。

文章語言風趣幽默，雙關語用得恰到好處，讓人百讀不厭。

# 一顆星的遐想

看！漫畫上一個胖嘟嘟的小男孩正坐在地上哭鬧，連鼻涕都流了出來。小男孩還念念有詞地喊道（**「念念有詞」和「喊」同為動詞，前者不能修飾後者**）：「哇！我要，那顆會飛的，快點！」一邊的大人挺滑稽的，一個站在另一個肩上似乎在幹什麼。原來，小男孩他這個想法太天真了，可家裡誰敢「抗旨不遵」呢？沒法子，只好這樣捉星星了，爸爸說他身子壯不怕什麼風雨（**應刪去**），媽媽一咬牙也挺得過去。關鍵是爺爺奶奶年老體弱，弄不好還是去醫院捉星星吧（**應該是「弄不好捉星星捉到醫院裡」**）！如果抓不到星星，那「小皇帝」就會「龍顏大怒」，四個「臣子」個個會吃不了兜著走呢！

大家看了這幅漫畫後定會啞然失笑：「星星怎麼會讓人抓呢？」不錯，這件事一點兒也不合邏輯，可類似於這一類的事在社會上還算少嗎？

「嬌生慣養」這四個字讀起來並沒有領悟（**「領悟」一詞過於突兀**）到什麼，

可細細回味（**「回味」改為「品味」則更合適**）一下卻讓人感到十分心酸。中國約十三億人口，如果家家戶戶都如此溺愛孩子，那麼，中國家庭將「培養」出多少個「小皇帝」、「小公主」喲！

「小皇帝」、「小公主」之類的孩子，現在在家中「臣民」的呵護之下長大（**「現在」與「長大」不能搭配，「長大」可改為「成長」**），過得舒舒服服了（**可改為「當然過得舒服了」**），可他們終究是要長大（**可改為「獨立」**）的，那時他們靠誰？曾經有一篇發人深省的報導：某市一名學生考上一外地高校，幾週後其母親不得不到兒子的學校去照料他：因為她兒子竟不知如何料理自己。讀了這篇新聞後我覺得這是悲哀的一件事兒，它驗證了中國人實在太寵溺小孩子。要是中國兒童個個都是這麼被溺愛慣了，那中國還有什麼未來可言呢？

這幅漫畫就像一個警鐘讓人永遠牢記：中國不要被寵壞的小孩！

# 天堂的位置

林清玄

一個小學老師來邀請我對小學四年級的學生做一場演講。

我問她：「要談些什麼呢？」那位非常虔誠的老師說：「跟孩子們講講極樂世界吧！我只是希望培養孩子對美好的嚮往，這種嚮往不是你最主張的嗎？」

我看著那些天真無邪的孩子們，首先在教室裡的黑板中間畫了一條線，把黑板分成兩邊，右邊寫著：「天堂」，左邊寫著：「地獄」。然後我對孩子們說：「我要求你們每一個人在『天堂』和『地獄』裡各寫一些東西。」

孩子們心目中的天堂就這樣呈現出來：花朵、笑、樹木、天空、愛情、自由、水果、光、白雲、星星、音樂、朋友、蛋糕、燈、冷氣、書本……

在遊戲裡，孩子們也同時寫出了他們心目中的地獄：黑暗、骯髒、灰色、哭泣、哀嚎、殘忍、恐怖、恨、流血、醜陋、臭、嘔吐、毒氣……

我對孩子們說：「當我們畫一條線之後，就會知道，天堂是具備了一切美好事物與美好心靈的地方，這個地方有人叫做天堂，有人叫做天國，或者淨土、極樂世界。地獄呢？正好相反，是具備了一切醜惡事件、醜惡心靈的地方。那麼，有沒有人知道人間在哪裡呢？」

孩子們說：「人間是介於天堂與地獄之間。人間既是天堂，也是地獄，當我們心裡充滿愛的時候就是身處天堂，當我們心裡懷著怨恨的時候就是住在地獄！」

如果一個人一直懷著壞脾氣，住在骯髒的環境裡，對未來毫無希望，就等於是地獄裡的人。

如果一個人內心經常歡喜，住在潔淨的住所，有愛與美好的嚮往，那就是天堂裡的人。

如果在很久很久以後，真的有一個地方叫天堂，應該也是為那些心裡有天堂的人準備的。

——選自《林清玄散文集》

## 星光寶盒

伸頸　凝視　漠然　麻木　端詳　呆滯　捕捉　期待

目不轉睛　頻頻點頭　小心翼翼　莫名其妙

神采飛揚　賞心悅目　恬不知恥　添枝加葉

無可奈何　忍氣吞聲　義憤填膺　痛心疾首

勿以惡小而為之，勿以善小而不為。惟賢惟德能服於人。

——劉備

星際新體驗

# 馬站著也能睡著嗎？

不知你們有沒有見過馬睡覺，你們能想像得到嗎？馬這麼高大的動物竟能站著睡覺。

在家畜中，牛、羊都是臥著入眠的，而馬、驢、騾等卻是站著睡覺的。原來這和馬從前的習性有關。馬是由野馬馴化而來的。野馬生活在大草原上，是人和大型食肉動物非常喜歡的狩獵對象，野馬又無力反抗，只能逃跑，所以全依賴那四條腿了。因此牠們睡覺時都是站立著的，以便時時做好戒備，一旦有緊急情況，就能揚蹄飛奔。馬被馴化後仍保持著野馬的這種習性。

## 第十單元

# 建議我來提

### 點亮星空

再有幾個月，大家就要結束自己的小學生活，進入國中學習了。今天，我給你們佈置一個特殊的任務：就是給學校的訓導主任和老師提建議。可以是學習方面的、生活方面的等等。

### 思路流星雨

秦老師太辛苦了！我建議她像關心我們一樣關心她的身體！

我的建議是——多舉辦一些成語方面的比賽！

還有，每年應該多舉辦幾次野餐聚會！

我：________________________________

# 老師請聽我說

劉傑達

老師，我想跟您談一件事，這件事已經藏在我心頭好幾年了，我覺得自己好委屈。

老師，您還記得二年級的一堂國語課嗎？您正在上面講《南京長江大橋》這一課，我在下面認真地聽您講課。當您講到南京長江大橋非常美麗、壯觀的時候，我突然想到書包裡有一張南京長江大橋的郵票。於是，我從書包裡拿出來，欣賞著長江大橋的壯觀景象。我的同桌小紅也側過

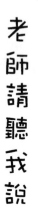

頭來欣賞這張郵票。這時，您看見我倆在欣賞這張郵票，就走到我身邊，從我手裡搶過這張郵票，我情急之下忙說：「老師，把郵票還給我。」沒想到我這麼一說，郵票遭到了悲慘的命運，您毫不留情地把郵票撕了，扔到地上。上完了國語課，您還把我叫到辦公室，要我罰站自我反省，我在那裡站了很久，後來只在紙上寫了六個字：「把郵票還給我。」

老師，您可知道，這張郵票是我多年的心血。我把這張郵票帶到教室裡，只是想利用這張郵票更好地學習《南京長江大橋》這篇課文。沒想到，結局是那樣慘。當您把這張郵票撕了的時候，我的心都碎了。因為這張郵票是我好不容易才找到的，我是多麼地珍惜它。可是，您卻把它撕了。老師，我當時是多麼的恨您，我覺得您是那麼不公道，同時我也覺得自己是那麼委屈。當天夜晚，我還流下了委屈的眼淚。

老師，多年來的教育之恩我永生難忘，但您也要尊重學生，理解學生的心啊！老師，別撕毀一顆愛戴您的心啊！

林藍老師的話

文章感情真摯、含義深刻。全文脈絡清晰，事件的開始、經過和結果敘述到位，結尾抒情，突出了文章的中心思想。文中所敘述的事例，是對教師粗暴教育的一種有力的批評，特別是個別詞句，達到了震撼人心的效果，如「我在那裡站了很久，後來只在紙上寫了六個字：『把郵票還給我。』」還有最後一句：「老師，別撕毀一顆愛戴您的心啊！」

# 寫給校長的建議信

葉雨濃

敬愛的校長：

您好！

我是六年一班的一名學生，我和我的同學們在這個學校裡即將結束我們童年時光愉快而又美好的六年，在我小學畢業將要離開母校的前夕，我有幾句心裡話想對您說。

我們的學校像一座美麗的大花園，校園裡一年四季草木蔥蘢、鮮花盛開。教室內外窗明几淨，一塵不染，走廊、操場乾淨整潔，清清爽爽。走進校園，就讓人覺得神清氣爽，精神煥發。我們學校的環境建設您們的確做得很好。可是您知道嗎？出了校門，那情形可就不一樣了。校門的兩邊圍牆旁邊，擺滿了賣零食的小攤販，學生行走的通道旁盡是小攤小販，每天放學學生一走出校門便被小攤販和零食所包

園了。有的班路隊也散了，班上的同學都擠到小攤販或跑到便利商店裡去買零食吃，吃完零食就將包裝袋隨手亂扔。搞得我們從校園裡走出校門，就像從花園裡走到了垃圾場，校內校外的環境形成了巨大的反差。

為了徹底整治校門外髒、亂、差的環境，我建議您可以從以下幾個方面做起：

(1)利用朝會的時間對學生進行宣傳教育，讓學生形成環保意識，養成不隨手亂扔垃圾的好習慣。

(2)教育學生不亂花零用錢，號召大家節約零用錢，合理使用零用錢。

(3)對學校門前的流動攤販進行勸導或整頓，對於不衛生、不合格的攤販，應進行取締。

我想，如果學校、社會多方面緊密結合，共同治理整頓學校周邊髒、亂、差的問題，那麼我們花園式學校校內校外的環境才顯得協調一致。最後，祝願我的母校建設得更加美麗！

敬祝

身體健康！

六年一班學生：葉雨濃
5月20日

## 七嘴八舌

呵呵，給校長提建議，厲害！

作者先是肯定了學校建設所取得的成績，然後話題一轉，針對校外的衛生問題表示了自己的擔憂，並提出了一些改進的建議。語言得體，結構合理。

這個叫「先禮後兵」。

# 給校長的一封建議書

尊敬的校長：

您好！

我是一名即將離校的小學畢業生。在母校這六年的學校生活中，我的知識不斷得到豐富，素質不斷得到充實（**用「充實」來修飾「素質」不合適，可改為「提高」**），自我價值不斷地得到肯定，在此，感謝您多年來對我們的辛勤培育。您為了把學校建設成為先進、文明的小學，為了讓同學們能夠在舒適的環境中學習，付出了很大的努力。但現在仍有不少同學違反校紀校規，破壞校風。在此，我提出四點建議供您改進（**「改進」一詞太過生硬，可改為「參考」**）：

一、學校定期從學生的學習生活中找出疑難問題（**可改為「困難」**）並加以解決，為同學們創造一個更好的學習環境。

二、在學習過程中，學校應該定期為在學習方面有困難的同學做課外輔導，並

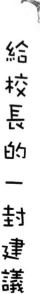

不斷發掘問題學生的優點，適時地給予鼓勵和表彰，提高他們的學習意識，激發他們的學習自覺性。不要忽略了成績不好的學生，造成他們心理上的不平衡。

三、適時適量地讓畢業班學生進行一些有趣味性且帶有一定競賽性（「**競賽性**」**若改為**「**知識性**」**則和下文結合更為緊密**」的班級活動，使畢業生既能在活動中運用大腦，又能更加靈活自如地運用已學過的知識。

四、不要給學生佈置太多的作業題。二十一世紀需要的是素質人才（**可改為**「**複合型人才**」**或**「**素質教育**」），教師不能對學生採用「題海戰術」。我們需要的是自主、自覺的學習。

敬愛的校長，您為我們的學習和健康成長而操勞，我們會永遠記住您，感謝您！

敬祝

萬事如意！

您的學生：傅芳彥

6月12日

# 火光

柯羅連科

很久以前，在一個漆黑的秋天的夜晚，我泛舟在西伯利亞一條陰森森的河上。船到一個轉彎處，只見前面黑魆魆的山峰下面，一星火光驀地一閃。

火光又明又亮，好像就在眼前……

「好啦，謝天謝地！」我高興地說：「馬上就到過夜的地方啦！」

船夫扭頭朝身後的火光望了一眼，又不以為然地划起槳來。

「遠著呢！」

我不相信他的話，因為火光衝破朦朧的夜色，明明在那兒閃爍。不過船夫是對的：事實上，火光的確還遠著呢！

這些黑夜的火光的特點是：驅散黑暗，閃閃發亮，近在眼前，令人神往。乍一看，再划幾下就到了，其實卻還遠著呢！

我們在漆黑如墨的河上又划了很久，一個個峽谷和懸崖，迎面駛來，又向後移去，彷彿消失在茫茫的遠方，而火光卻依然停在前頭，閃閃發亮，令人神往——依然是這麼近，又依然是那麼遠……

現在，無論是這條被懸崖峭壁的陰影籠罩的漆黑的河流，還是那一星明亮的火光，都經常浮現在我的腦際。在這以前和在這以後，曾有許多火光，似乎近在咫尺，不止使我一人心馳神往。可是生活之河卻仍然在那陰森森的兩岸之間流著，而火光也依舊非常遙遠。因此，必須加勁划槳……

然而，火光啊……畢竟……畢竟就在前頭！

——選自《柯羅連科文集》

## 星光寶盒

煎熬　刺痛　戲弄　冷落　掙扎　放棄　沉淪　驚醒

暴跳如雷　橫加指責　六神無主　噓寒問暖

近在咫尺　多才多藝　前程似錦　光陰似箭

潛移默化　視若無睹　冷若冰霜　雪中送炭

美既不在羅馬也不在雅典，而是深藏於每一顆欣賞美的心靈，這才是永恆的美。

——梭羅

星際新體驗

# 落葉的梧桐樹

「天官廟」的庫房被盜，大量金錢不翼而飛！官府派出捕快四處偵查，終於找到重大嫌疑犯李文清。此人家境不錯，遵紀守法，小有名氣，他萬萬沒想到官府會懷疑到自己頭上。

捕快頭目周新知道李文清狡猾，若沒有真憑實據，別想讓他認罪，但是，周新在李文清家裡搜過幾遍，就是找不到贓物，他又圍著房子察看，慢慢踱到院子裡。

院子裡有棵梧桐樹，周新不經意地朝上看看，發現樹上大部分葉子都已經落了。

「剛剛入秋，怎麼葉子都落了，莫不是有人移動過？」

周新心中好生奇怪，便立刻叫人來挖樹根，李文清這時已面色發白了。果然，廟裡失竊的金錢全部埋在樹根下。

第十一單元

# 難忘的……

## 點亮星空

六年的小學生活是多麼美好而難忘啊！六年中，一定有一些人和事給我們留下了深刻的印象，請大家選取記憶中最深刻的一個人、一件事，再認真想一想：是什麼原因讓這些人、這些事如此的難以忘懷？

## 思路流星雨

我有點想杜真子的那隻會笑的貓，還有「拉登」，還有爺爺家那隻會玩滑板的大黑豬……

我最懷念和大家在一起的日子，我會想你們的！

馬小跳，還記得那次辯論賽嗎？我還要報仇呢！

我：＿＿＿＿＿＿＿＿＿＿＿＿＿＿＿＿＿＿＿＿

# 教訓

朱加銀

每當老師宣布某個同學作文獲獎時，每當同學們把羨慕的目光投向「美術大王」時，我都非常羨慕。要知道我多想也能在同學們面前表現一下自己呀！這不，機會終於來了，最近我跟姊姊學會了幾個英語單字，這下能在班上露一手了。

這天下午，當我走進教室時，只見「數學天才」鮑曉娟正在黑板上出題給同學們做。我看在眼裡，心裡才不服呢！哼，不就是數學好一點嗎？有什麼了不起的！我把書包往桌上一扔，

一個箭步沖到講臺上，雙手拍著講臺大聲說道：「同學們，請看我的。」我拿起粉筆在黑板上寫下了「sorry」。「同學們，這個英語單字是什麼意思呢？」我得意地發問。

安靜的教室頓時變得喧鬧起來，許多同學竊竊私語：「怎麼，這個朱加銀還有這一手……」「真了不起，還懂英語呢！」聽著同學們一連串的稱讚，我更加得意，我瞟了一眼「數學天才」，只見她也目瞪口呆了。不用說，此時「美術大王」、「運動健將」也一定是羨慕不已了。我環視了一下教室，慢條斯理地說：「這麼簡單的英語都不知道……」此時，我簡直像一個知識淵博的教授。

突然，第一組的「小不點」劉兵站了起來。他平時在班上不愛說話，成績也不是響噹噹的。「難道他會英語嗎？」我心裡嘀咕著。只見劉兵輕輕地說道：「sorry，就是『對不起』的意思吧？」我很不情願地點點頭。頓時，教室裡響起了一陣熱烈的掌聲。劉兵走到黑板前，拿起粉筆在黑板上寫出了「banana」這個英語單字，紅著臉問我：「這表示什麼？」「怎麼，他竟然考起我來了？看來我要下不了臺了。怎麼辦呢？可不能丟了面子呀！」我仔細地看了看黑板上的單詞，突然想

起了姊姊教我的表示書本的單字和它有點相似，便順口答道：「書本的意思。」劉兵聽後不禁笑出聲來，同學們也跟著笑起來。

怎麼，我真的說錯了？此時那笑聲宛如一根根細針扎在我心上，我難受極了。「同學們，請看。」劉兵邊說邊在黑板上寫下了「banana」表示的意思——香蕉，又用英語寫下了表示書本的「book」。我看了以後，臉上一陣發燙，這時同學們的笑聲更大了，掌聲也雷鳴般地響起來。我真想變成一隻小飛蟲飛走……唉，想得到誇獎，卻換來了難堪，都是虛榮心害了我。

這件事我永遠也忘不了，因為它給我的教訓真是太大了。

### 林藍老師的話

由於虛榮心作怪，原本想表現一下自己，結果卻偷雞不成蝕把米。事情並不複雜，卻被作者寫得起伏有致。最後得出了「虛榮心害了我」的教訓，點題收尾，水到渠成。

# 停電之後

徐科

下午第三節英語課上，我們正在觀看雙語片《哈利・波特》，大家都被片中奇妙的魔法世界深深地吸引。正當片中的魔王盡情施展魔法時，螢幕突然黑了，教室前後的燈全滅了，我們被這突如其來的變故搞得莫名其妙。頓時，教室裡炸開了鍋。「好厲害的魔法啊，螢幕都變黑了！」「好可怕呀！」有的男同學故意「附和」，幾個膽小的女同學被嚇得尖叫起來。又有同學說：「不可能，世上怎麼可能有魔王呢？」「一定是『病毒』攻擊了電廠，南京市都沒電啦！」又有人反對：「你們說的全不對，一定是停電了！」老師聽了，忍不住笑了：「別爭了，看來是電路出了些問題。不要慌，你們安靜地坐著，我去看看。」……

時間過得可真快，不知不覺天色全暗了下來，電卻仍然沒有來。老師佈置完今天的家庭作業後對我們說：「如果今晚還不來電，作業就不用做了。」話音剛落，

許多同學都齊聲歡呼：「停電萬歲！停電萬歲！」還有的雙手合十，緊閉雙眼，口中念念有詞：「老天爺，上帝，如來佛祖，觀音菩薩……一定保佑我們，千萬不要來電啊！阿彌陀佛，阿彌陀佛……」也有個別同學沮喪地說：「今晚沒法看書了，真掃興！」我卻摸著「咕咕」直叫的肚子，想像著同學們在黑暗中進食的狼狽樣。天黑了，同學們都「龜縮」在教室裡，不敢越「雷池」半步。生活老師帶來了一盞應急燈。雖然燈光很微弱，只能照亮教室的三分之一，可對於黑暗中的我們，無疑是個「人造太陽」。不一會兒，生活老師送來了一份份晚餐——每人一袋食物。我打開袋子，哇！還挺豐富：一個豬肉包子、一個蒸餃、一個豆沙包。我拿起最大的一個，「吭哧」就是一口，不知為什麼，今天的這一頓我吃得特別香。再看看同學們，個個都吃得津津有味，尤其是王海坤和姚程遠，更是嘖嘖有聲。不一會兒他們就把自己的那份吃得精光，眼巴巴地看著老師，還想再要一份。

等呀，盼呀。電始終不來，老師們決定讓我們提前休息。在老師的帶領下我們摸黑回到宿舍；宿舍裡漆黑一片，大家個個像無頭的蒼蠅，到處亂摸。「噢，誰踩了我的腳了！」「誰呀！摸到我的臉了！」我好不容易摸到盆架準備洗漱，可馬上又犯了難：「到底哪個是我的臉盆，哪個是腳盆呢？得，還是憑感覺拿吧！」我隨便拿了一個，向盥洗室摸去。

憑藉應急燈所發出的微弱的光亮，我開始洗漱。這才發現黑暗中竟拿來了舍友的盆。心中暗想：「乾脆將錯就錯，既然拿了先用了再說吧！」回到宿舍，有人拍拍我的肩：「錯拿了你的盆，將就著先洗了，沒關係吧！」我哈哈大笑：「我拿的還不知是誰的呢！」一陣忙亂之後，大家終於進入了夢鄉……

## 七嘴八舌

停電真好玩啊！怎麼我們上課的時候就不停電呢？一次再平常不過的停電事故，卻指揮了一齣精彩的「停電進行曲」，從教室到宿舍，看同學們停電後的百態，就像是一齣熱鬧的輕喜劇。關鍵是作者描寫到位，語言生動，場景安排也十分合理，所以讀起來才會津津有味。

# 收藏

朋友們，你看了這個題目後，一定會忍不住問：「你到底收藏了什麼東西呀？」郵票？不是。古幣？不是。明信片？不是。**（入題不夠簡潔，開門見山更好。）**

我還是告訴你吧！我童年時代收藏的東西就是「史努比」牌的橡皮。

那是我剛剛上小學時，我上初一的姊姊送給我一塊「史努比」牌橡皮。橡皮的形狀就是活潑、可愛的卡通人物史努比的頭的形狀，上面還印著一個史努比在打網球**（對橡皮形狀和圖案的描寫不夠清楚）**。細細聞起來，橡皮還散發著淡淡的水果香呢！後來，我一打聽才知道，這塊橡皮是新推出的「運動史努比」橡皮的其中一個，但要三十塊錢呢。

我很想蒐集齊整套的史努比橡皮，可又沒有錢，如果讓媽媽給我買一套（一套十個橡皮），媽媽一定不會答應的。有一次，我翻了翻楚天都市報**（應加書名號）**，無意間看到了一篇文章，寫的是一位母親為了訓練孩子做家事，實行了「有

償勞動」。洗襪子給三塊錢，掃地或拖地給兩塊錢，擦桌子則給一塊錢……我一看，高興了，這可是個賺錢的好辦法。我連忙把這篇文章給媽媽看，媽媽看完後，還以為我懂事了，會為媽媽分憂呢！馬上同意了。

從此，我就一塊錢、兩塊錢地賺，一個星期過後，我終於有了三十塊錢。第二天放學後，我興沖沖地唱著歌兒跑到了文具店，買了一塊「跑步」的橡皮。隨後，一個月過去了，兩個月過去了，三個月過去了，我已經有了九塊「史努比」牌的橡皮了，有打網球的，有跑步的，有跳繩的，有打籃球的，有打乒乓球的，有踢足球的，有打羽毛球的……

又一個星期過去了，我有了三十塊錢，可是那家文具店拆遷了，搬到了城裡，具體位置也不知道。當時上一年級的我，居然大哭了起來（**「居然」使用不當**）。我回到家後，媽媽看出了我的異常，問我怎麼回事，我只好把事情的經過告訴了媽媽。媽媽很生氣，說我不該亂花錢。但聽說我只是為了收藏後，再加上我又大哭了一頓，媽媽只好（**媽媽態度變化過於突然，缺乏層次感**）騎著自行車帶我去附近幾家文具店買「史努比」跳水的最後一塊橡皮。

可是好幾家文具店不是沒有這類橡皮，就是沒有「跳水」的這塊橡皮。最後找到了一家「文具超市」，終於找到了這塊橡皮，這塊讓我費盡周折才找到了的「史努比」運動型跳水橡皮。

現在我已經上六年級了，事隔四年，但我只要一看到那一套「史努比」牌橡皮，童年時的那種稚氣彷彿又回到了我的身上。

如果現在有人問我：「最使你自豪的事是什麼？」那我就會毫不猶豫地回答：「最使我自豪的事就是我童年時收藏了一套『史努比』牌的高級橡皮！」（最後兩段語言略顯平淡，細節描寫展開不充分。）

# 生命中最美的時刻

格拉迪·貝爾

人，在他的一生中都有一段最美好的時刻。

記得我的這一時刻出現在七八歲那一年。那是一個春天的夜晚，我突然醒了，睜開眼睛，看見屋子裡灑滿了月光。四周很靜，沒有一點聲音。溫暖的空氣裡充滿了梨花和忍冬樹叢發出的清香。

我下了床，輕手輕腳地走出屋子，隨手關上了門。母親正坐在門廊的石階上，她抬起頭，看見了我，笑了笑，一隻手拉我挨著她坐下，另一隻手就勢把我攬在懷裡。整個鄉村萬籟俱寂，鄰近的屋子都熄了燈，月光是那麼明亮。遠處，大約一英里外的那片樹林，黑壓壓地呈現在眼前。那看門狗在坪上向我們跑來，舒服地躺在我們腳下，伸展了一下身子，把頭枕在母親外衣的下襟。我們就這樣等待了很久，誰也沒有說話。

然而，在那片黑壓壓的樹林裡卻並不那麼寧靜——野兔子和小松鼠、負鼠和金花鼠，牠們都在那兒奔跳、歡笑；還有那田野裡，那花園的陰影處，花草樹木都在悄悄地生長。

那些紅的桃花，白的梨花，很快就會飄散零落，留下的將是初結的果實；那些野李子樹也會長出滾圓的、像一盞盞燈籠似的野李子，野李子又酸又甜，都是因為太陽烤炙的，風雨吹打的；還有那青青的瓜藤，綻開著南瓜似的花朵，花朵裡滿是蜜糖，等待著早晨蜜蜂的來臨，但是過不了多久，你看見的將是一條條甜瓜，而不再是這些花朵了。啊，在這無邊無際的寧靜中，生命——這種神祕的東西，它既摸不著，也聽不見。只有大自然那無所不能、溫柔可愛的手在撫弄著它——正在活動著，它在生長，它在壯大。

一個八歲的孩子當然不會想得那麼多，也許他還不知道自己正沉浸在這無邊無際的寧靜中。不過，他看見一顆星星掛在雪松的樹梢上時，他也被迷住了；當他聽見一隻模仿鳥在月光下婉轉啼鳴時，他心裡有一種說不出的高興；當他的手觸到母親的手臂時，他感到自己是那麼安全、那麼舒坦。

生命在活動，地球在旋轉，江河在奔流。這一切對他來說也許是莫名其妙的事情，也許已經使他模糊地意識到：這就是生命，這就是最美好的時刻。

——選自《名篇欣賞》

## 星光寶盒

寂寞　乏味　擅自　憑空　激盪　欣賞　釋懷　愜意

手舞足蹈　繪聲繪色　滄海桑田　似懂非懂

斜風細雨　蒙混過關　提心吊膽　支支吾吾

後悔莫及　目不暇接　接踵摩肩　揮汗如雨

聰明睿智的特點就在於，只需要看到和聽到了一點，就能長久地考慮和更多地理解。

——布魯諾

## 橘子

小明和媽媽到阿姨家，阿姨請小明吃橘子。媽媽問小明：「人家請你吃橘子時，你該說什麼？」小明說：「阿姨幫我剝橘子。」媽媽當場……

## 小男孩吵架

幼稚園裡，有兩個小男孩在吵架，越吵越凶。其中一個大聲嚷嚷：「我回去叫我爸爸打你爸爸的腦袋。」「哈！哈！他才打不到呢！」另一個小孩大聲笑道：「我媽媽都說，我爸爸根本就沒有腦袋！」

## 考題設計

### 我的心願

人的願望有大有小，有的希望貧困山區的孩子早日走進課堂；有的希望世界上沒有戰爭；有的希望我們生活的地方山清水秀；有的希望得到更多人的理解等等，而你的心願是什麼呢？或者說，眾多願望中哪一個是你最迫切希望實現的呢？

### 家鄉美景

家鄉的山山水水總是那樣讓人熱愛，讓人眷戀。寫「家鄉美景」，首先要選擇一兩處家鄉的特色景物來寫，把最能代表家鄉的「美景」寫得生動細膩，才能給人留下深刻的印象。要把文章寫得有血有肉，就得巧用比喻、排比、擬人、誇張等修辭手法，同時寫景物時要滲透自己的思想感情。

## 一張難忘的照片

寫照片實際上是寫對往事的回憶，讓照片上定格的瞬間流動起來，鮮活起來。在選材上，既可以選意義重大的場面照片，也可以選妙趣橫生的生活照片，當然還可以是不以人為主題的靜物照片、風景照片或建築照片等，只要照片能給人帶來一種美好的回憶，或者具有一種積極的意義，都值得寫下來向大家介紹。注意寫出自己獨特的感受，力求使習作靈性飛揚。

# 第十二單元
# 關心「環保」

## 點亮星空

我們把腳下這顆人類賴以生存的星球比做我們的母親！可是現在，我們卻發現「母親」不再年輕，不再美麗：噪音代替了鳥語，工廠代替了森林，污水代替了清澈的河流……我們再也呼吸不到清新的空氣，看不到蔚藍的天空……

## 思路流星雨

現在環境這麼糟糕，還不是因為大人們只顧賺錢，所以亂砍森林、亂排污水和廢氣……

還有地球上的人口越來越多，所以土地都用來修路、蓋房，草原和森林就減少了！

我：________________________________

# 讓地球媽媽笑吧

王曉陽

「不……不好啦，不好啦，地球媽媽……她患了絕症，已……已經奄奄一息了。」我的助手小靈通三步併作兩步地趕來，直喘粗氣。

「啊，這怎麼可能？地球媽媽以前不一直都很好嗎？」我驚訝地從沙發上跳起來，一臉困惑。

「事不宜遲，你快跟我走，這可關係到我們全人類。」小靈通急忙拉住我的手，到太空站辦手續，我們搭上最後一班特快火箭飛向無邊無際的太空。

## 關心「環保」

火箭發出一聲巨響，筆直地射上了藍天。我的耳際充滿了火箭引擎的轟鳴聲和淒慘的痛哭聲。

「咦，是誰在哭泣呀？莫非是地球媽媽？」

「對，她一定有事要告訴我們。」小靈通說。

我們穿上太空服，走出火箭，邁向廣闊的宇宙。循聲望去，地球媽媽的身影浮現在眼前，她被一大堆白茫茫的垃圾覆蓋著，臉色蒼白，正失聲痛哭。

「地球媽媽，您怎麼啦？哪來這麼多的白色垃圾，都堆積如山啦！」

「唉，還不是那些喪心病狂的人類！明明是我哺育了他們，給他們珍貴的資源，他們卻貪得無厭，真讓我後悔啊！你看，我的頭髮——森林，光禿禿的一片；而我的血液——水，也渾濁不清。人類亂砍濫伐，還把污水排進我清澈的血液中，使得我全身上下都是傷，再加上人類發明的汽車排出的有害氣體，污染了我的衣裳——大氣層和臭氧層，使我患上了絕症。」地球媽媽悲痛欲絕地說。

「小靈通，我們可不能坐視不管，任憑污染嚴重下去，其實挽救地球媽媽也是在救助我們自己啊！」

我們馬上回到地面，把地球媽媽的訴説告訴全人類，讓人類徹底醒悟。但願家家戶戶不再把垃圾隨處亂丟，亂砍濫伐的現象沒有了，空氣漸漸變得清新，河水恢復以往的清澈。那樣，我們就會聽見地球媽媽開心的笑聲，看到她會心的笑容。

讓我們每人為環保獻出一份力，讓地球媽媽的笑容永遠綻放！

## 林藍老師的話

如果地球真的有表情的話，現在她一定在哭泣！因為她的子女們太不愛護自己的媽媽了！《讓地球媽媽笑吧》運用擬人的手法、對話的方式，先寫地球病了，然後歷數了地球的病症，於是，在我們面前出現了一幅幅觸目驚心的畫面。文章立意頗新，佈局合理，用幻想之筆談環境問題，具有深刻的教育意義。

# 垃圾狗、廢氣鳥和清理魚

劉騰

二○二一年，我已成為世界上有名的發明家了。我和助手們研究一套「環保動物」，經過一年的辛苦，終於成功了。

我們這套「環保動物」共有三種。第一種是陸地環保員「垃圾狗」。它的外型跟一般狗一樣，但是要小得多，長五公分，重20公克，肚子裡有一個電腦晶片。你可別小看這個電腦晶片，它可以讓你任意控制「垃圾狗」的行為，指揮它去做任何事。這隻「垃圾狗」更加絕妙之處在於它只吃垃圾，不吃糧食，而且它一天能消滅二公斤垃圾，多麼驚人啊！有很多這樣的「垃圾狗」，陸地上會減少許多垃圾，疾病傳播也少了，人們可以生活得更健康。

第二種是空中環保員「廢氣鳥」。它體長3公分，羽毛是金黃色的，體重15公克，飛行速度極快，可以將人們呼出的二氧化碳、工廠排出的廢氣吸入肚裡，經過

清理和加工，轉化成新鮮空氣。它一天能吸掉10家工廠排出的廢氣，但人們可以放心的是它從來不會出毛病，更不會死掉，因為它的心臟是一個球體，球體又分為幾個部分，什麼排氣管、吸收管、淨化機、加工機等，簡直是一個小小工廠了。有了這種「廢氣鳥」，人們將生活在空氣清新的地球上，每一個人都會精神十足。

第三種是水陸環保員「清理魚」，也叫「播種魚」。它體長2公分，體重10公克。它生活在水裡，有時也上岸。它的特徵是吃掉水中的垃圾等各種渾濁物體，吃飽之後，便進行工作，把肚裡的垃圾轉化成各種樹種，然後爬上岸去，播撒下種子，它便會在三天之內長成大樹。這種「清理魚」（播種魚），既可清理河道，又能美化環境，很了不起吧！

朋友們，聽了我的三種環保動物，您一定會為我的發明感到自豪吧。不過，我不會停住腳步的，我想：在不久的將來，我將會發明出更多的對人類、對我們的母親——地球媽媽有用的東西。

## 七嘴八舌

剛看到題目的時候，我還以為是介紹外星生物呢！

所以說一個新穎的作文題目，往往會有意想不到的效果。

除此之外，這篇文章構思奇特，文筆流暢，段落之間的過渡自然，結構也十分清晰。

# 宇宙外的傳說

在茫茫宇宙外部，有一個美妙的星球，叫紅塔星球。在那上面，有一個善良的老爺爺，他有十個孩子，他們〔**和前面的「他」易混淆，可改為「這些孩子」**〕最愛聽老爺爺講地球上的傳說了。那是個神祕的地方，距這兒有遙遠的一萬光年。

在一片皎潔的月光下，善良純樸的老爺爺又要講地球上的傳說了，十個天真童趣的臉上映滿了高興〔**可改為「十張天真童趣的臉上映滿了興奮的光輝」**〕。老爺爺開始講了：「在宇宙內部，有一個大型的星球，叫做地球，那上面有豐富的礦產、石油、金屬……由於地球距太陽第三近，所以那裡還有高科技太陽能！」孩子們聽了，無知〔**可改為「幼稚」**〕的臉上「打」上了笑容，已對地球充滿了好奇心，可太遠了，超光速火箭也要走一千年！

一百年過去了，紅塔星上科技發達了，十個孩子們〔**可改為「孩子們」**〕通過巨型望遠鏡看到了地球，但令他們大驚失色的是：它不像老爺爺說得那樣美麗、和

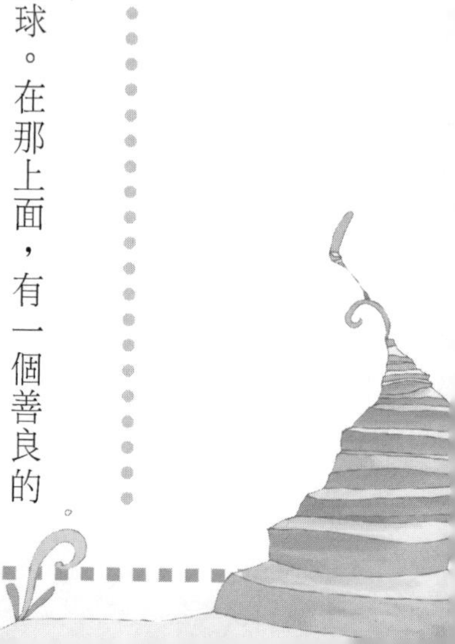

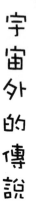

平，陸地上硝煙滾滾、炮火連天，人們亂砍濫伐，導致沙塵暴連綿不斷！他們（**可改為「孩子們」**）奇怪極了，不忍再看下去，急切地詢問老爺爺道：「地球到底怎麼了？」

「唉——」老爺爺長歎一口氣，臉上流露出多少不幸（**可改為「痛苦」**），「那裡的人類驕傲於自己一時的成功，開始只顧自己的利益，而無視他人的利益，亂砍樹木，不想後果，導致如此下場！」

十個孩子傷心極了，撲在桌上，心裡無比地難受：「老爺爺，難道沒有拯救地球的辦法嗎？」

「辦法是有，只有他們自己悔過自新！」

老爺爺此時抬不起頭，心想：地球上的人類呀！維護你們的家園呀！

十個孩子不但傷心，又加了幾分失望，他們不想讓地球就此毀滅，於是坐超光速火箭於三○○三年到達了地球。

十個孩子來到了地球，立刻被熏得透不過氣來，樹木花草枯萎了，也就沒有了新鮮的空氣，沒了新鮮的空氣，人類就活不長。放眼一看，江河湖海裡的小魚都翻

了白肚，情況嚴重毀壞。孩子們沒了空氣，活不下去，只好戀戀不捨地飛回了紅塔星球。到家時，四〇〇五年的地球更毀壞了一層〔**可改為「地球被毀壞得更嚴重了」**〕。

夜晚，十個孩子進入了夢鄉，夢中，人們意識到了砍伐的壞處，又種上了樹種，江河湖海裡生氣勃勃……這應不再是夢！他們多麼希望老爺爺下次給他們帶來的傳說是美妙而真實的，那個傳說裡地球上沒有戰爭，沒有污染，只有美好，只有和平。

# 冬天之美

喬治・桑

我從來熱愛鄉村的冬天。我無法理解富翁們的情趣，他們在一年當中最不適於舉行舞會、講究穿著和奢侈揮霍的季節，將巴黎當做狂歡的場所。大自然在冬天邀請我們到火爐邊去享受天倫之樂，而且正是在鄉村才能領略這個季節罕見的明朗的陽光。在我國的大都市裡，臭氣熏天和凍結的爛泥幾乎永無乾燥之日，看見就令人噁心。在鄉下，一片陽光或者颳幾小時風就使空氣變得清新，使地面乾爽。可憐的城市工人對此十分了解，他們滯留在這個垃圾場裡，實在是由於無可奈何。我們的富翁們所過的人為的、悖理的生活，違背大自然的安排，結果毫無生氣。英國人比較明智，他們到鄉下別墅裡去過冬。在巴黎，人們想像大自然有六個月毫無生機，可是小麥從秋天就開始發芽，而冬天慘澹的陽光──大家慣於這樣描寫它──是一年之中最燦爛、最輝煌的。當太陽撥開雲霧，當它在嚴冬傍晚披上閃爍發光的紫紅色長袍墜落時，人們幾乎無法忍受它那令人炫目的光芒。即使在我們嚴寒卻偏偏不恰當地稱為溫帶的國家裡，自然界萬物永遠不會除掉盛裝和失去盎然的生機，廣闊的麥田鋪上了鮮豔的地毯，而天際低矮的太陽在上面投下了綠寶石的光輝。地面披上了美麗的苔蘚。華麗的常春藤塗上了大理石般的鮮紅和金色的斑紋。報春花、紫羅蘭和孟加拉玫瑰躲在雪層下面微笑。由於地勢的起伏，由於偶然的機緣，還有其他幾種花兒躲過嚴寒倖存下來，而隨時使你感到意想不到的歡愉。雖然百靈鳥不見蹤影，但有多少喧鬧而美麗的鳥兒路過這兒，在河邊棲息和休憩！當地面的白雪像璀璨的鑽石在陽光下閃閃發光，或者當掛在樹梢的冰雪組成神奇的造型和無法描繪的水晶的花彩時，有什麼東西比白雪更加美麗呢？在鄉村的漫漫長夜裡，大家親切地聚集一堂，甚至時間似乎也聽從我們使喚。由於人們能夠沉靜下來思索，精神生活變得異常豐富。這樣的夜晚，同家人圍爐而坐，難道不是極大的樂事嗎？

——選自《喬治・桑文集》

## 星光寶盒

惋惜　屹立　未來　設想　悲哀　覺醒　刺鼻　痛失

鼠目寸光　持續發展　冷冷清清　遮人耳目

魚目混珠　熙熙攘攘　環境幽雅　刻不容緩

迫在眉睫　失之交臂　車水馬龍　空前絕後

如果一個人獲得了幸福、健康、才能、財富、快樂、權勢等一切，但放棄了對真、善、美的追求，那麼他就會墮落成為動物。

——今道友信

# 將心比心

一個美國牧師在佈道時說了這麼一個故事：

一個士兵從越南前線回國，他先給父母打電話說：「我想將一位朋友帶回家，他在戰爭中失去了一隻眼、一隻手和一隻腳，無家可歸，可以嗎？」

父母冷靜商量後回答：「暫住可以，但無法長久照料，他最好去傷殘軍人醫院。」

第二天，父母得到了兒子自殺的消息。他打完電話就跳了樓，他只有一隻眼、一隻手、一隻腳……

故事造成了強烈的震撼效應：不幫助別人，就可能損害自己。

第十三單元

# 給遠方親友的一封信

## 點亮星空

大家馬上就要小學畢業了，你們的學習也進入了最關鍵最緊張的時候，此時那些不在身邊的親人或小夥伴一定也在掛念著你！寫封信給他們，告訴他們一些你最近的情況和想法。

## 思路流星雨

前幾天爺爺還打電話過來，讓我考完試就去鄉下玩！
爸爸讓我加把勁，爭取好成績！
媽媽倒不擔心我的功課，只是叮囑我要愛惜身體！
我：________________________________

# 給陽陽弟弟的信

章如水

親愛的陽陽：

你好！

今天上午收到你的來信，我高興極了！你在信中說想到我家來玩，但不知什麼季節來最有意思，請我拿個主意。好吧，我就說說我的看法。

你要是春天來，那當然很好。我們東北的春天比你們那兒要晚一些。雖然是晚一些，但到處也充滿了生機。你會有這樣的感覺，風雖然還帶有寒意，但已經失去了冬季的威力，陽光顯得格外的明亮。這時，向陽坡的草坪上，野蒿子、蒲公英都冒出

了嫩芽。它們雖然那樣小，那樣不引人注意，但我們這些尋找春的蹤跡的小朋友早就發現了這些敲開春天大門的精靈！它們在微風中輕輕地抖動，像是在招呼還未出土的夥伴們。漸漸地，草坪綠了，樹兒發芽了，農民伯伯開始播種了。那雪亮的犁頭，翻開了土地，清亮的河水流進了田園……這一切，在合唱一首春之歌！

春天你願意來嗎？

你要是夏天來，也是相當愜意的。我們可以去小河邊捉蝌蚪。這小東西雖然很機靈，但也逃不出我們的手心。先把蝌蚪多的地方圍成個小壩，然後往外舀水。水越舀越少，牠們就游不動了。我們把牠們撿到裝水的小瓶裡，等長大了再放出去，於是，就可以眼看著牠們長腿、掉尾巴啦！你看，有意思不？要是到我家北邊的大淩河邊玩耍，那就另有一番情趣了！我們上午做功課，再躲過中午火辣辣的太陽，就可以到河邊來玩啦！沙灘上孩子很多，有的專心致志地修造「梯田」，有的在興致勃勃地追逐……沙灘上留下我們的笑聲，晚風吹來陣陣涼意。可沙灘暖和呀，我們躺在沙灘上，有的舒展四肢，有的告訴小夥伴一兩件新鮮事……柔軟的沙灘呀，蘊藏著多少夢幻！

秋天來了，田野變成了一幅五彩斑斕的圖畫：火紅的高粱，金燦燦的穀子……不過，最吸引我們的是那些黃橙橙的鴨梨啦！這是我們家鄉的特產，你大概沒吃過吧？告訴你，這鴨梨可好吃啦，聞一聞，一股清香沁人心脾；咬一口，一直甜到心裡。秋天是個甜蜜的季節，歡迎你這時候來！

冬天來了，對了，你也許最想知道北國的冬天是個什麼樣子吧！你見過下雪嗎？天空陰晦，棉絮般的雪花紛紛揚揚地飄落下來，只消一頓飯工夫，整個大地就成了一片銀色世界。每逢下雪，大人、小孩都高興得要命。大人們說：「雪下得大，水分就足，來年莊稼就長得好。」這叫做「瑞雪兆豐年」。而我們小孩高興的是，潔白、柔軟的雪花帶來了無限的樂趣。雪只要下到腳脖深，我們就可以捏雪球、堆雪人。頑皮的男孩子則喜歡打雪仗，在雪地上忘情地追逐。我家北邊不是大淩河嗎？這時早已成了一條潔白的玉帶，是最好的天然溜冰場，我們拿著自己做的小冰車，在冰場上像燕子似的飛來馳去，好像進入了童話世界。

陽陽，你讀了我的信，也許覺得我把我的家鄉寫得太美了。不過，我覺得我的家鄉的確是這樣的。我太愛我的家鄉了！你的家鄉一定也是非常可愛的，因為大地

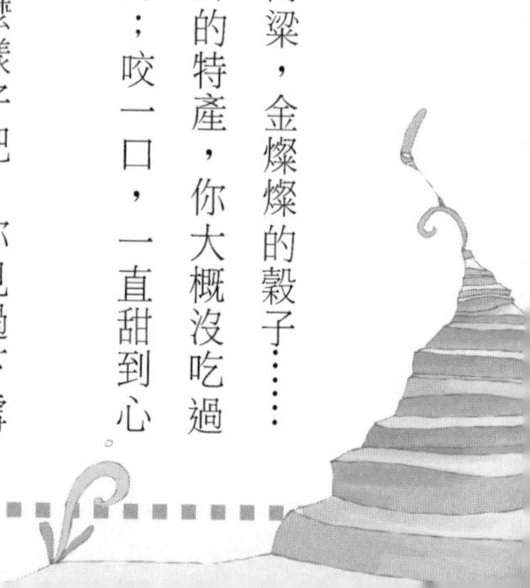

的每一個角落都是美麗的。歡迎你來我的家鄉做客！

祝你學業進步！

你的姊姊：冰冰

3月3日

### 林藍老師的話

看到這封回信，估計「陽陽弟弟」心裡更沒轍了：四季都這麼美，該怎麼選呢？作者面對弟弟的詢問，沒有正面回答，而是一一列舉了東北的四季美景，將皮球踢了回去。而這巧妙的一踢，卻踢出了一個四季如畫、讓人嚮往的東北。結尾一句——「大地的每一個角落都是美麗的」，更是托起了全文的立意。

# 給爸爸的一封信

劉小松。

敬愛的爸爸：

您好！

昨天收到您的來信，我非常高興，我覺得您的信就是我生日裡收到的最好禮物。看著您的來信，我彷彿就來到了您的身邊，聽著您對兒子的教誨。您信上的每一句話都讓我感受到您對兒子的關心與牽掛。看著您的信，我的眼睛都濕潤了，我不知怎樣才能表達兒子對您的感謝。

我想，努力學習，在家裡聽媽媽的話，做些力所

## 給遠方親友的一封信

能及的家務活，不讓您操心，這大概就是我對您最好的報答吧！

爸爸，您一個人遠在廣州工作，用自己的智慧和汗水來掙錢供我讀書，我沒有理由不把成績考好。前幾天期中考，我的國語、數學等科目的考試都是名列前茅，您就不用為我的成績擔心了。您在信上說要我勝不驕敗不餒，正確地對待每一次考試，我一定會按您說的話去做，時時提醒自己的。

您一人在外，沒人照顧您，您可要注意自己的身體啊！您不要太勞累了，我和媽媽，還有爺爺奶奶同樣十分擔心您的健康和安全啊！今天就寫到這裡吧。

祝您萬事如意、健康平安！

兒 小松

5月8日

## 七嘴八舌

好懂事的作者，好感人的一封信啊！

雖然篇幅不長，卻字字是真情的流露，處處流露著父子之間的牽掛和關心！

情真意切、情意綿綿、血濃於水、感天動地……

# 給爸爸的一封信

親愛的爸爸：

您好！

近來身體好嗎？工作順利嗎？離別了一年，我非常想念您，我快要小學畢業了，課業非常繁重。

6月20日我就要參加畢業考試了，現在正在做最後的復習。上課時老師會講解一些重點，並讓我們筆記〔「**筆記」是名詞，可改為「記錄」**〕下來，如果有不懂的，下課可以問老師。

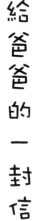

課間十分鐘的休息時間，別的同學會做一些遊戲，而畢業班的同學可就不一樣了。下課，我們會拿著各種各樣的升學習題一起討論、研究。自習課上，一些同學繼續做習題，而有的同學則會看看課外書放鬆自己。

因為學校正在進行綠化操場，所以體育課只能到對面的體育場上〔「**對面」**前

**缺少主語，可改為「操場對面的體育場上」〕**。

晚上回家，媽媽額外給我加了功課，要求我每天做三個單元的習題，做一些智力測驗，以提高自己的反應速度。

週末，我還參加了奧林匹克數學和電腦的學習。在奧林匹克數學班，我可以學一些較難的數學題，學習一些解難題的方法。而在電腦班，則可以學到一些操縱電腦的基本知識，和一些電腦軟體應用課程，例如視窗作業系統等。

我的奮鬥目標是××中學〔**可改為「奮鬥目標是考上××中學」**〕，聽說××中學開學要編班考試，我準備在假期參加一些補習班，以爭取優異的成績考一個好班，才不辜負老師和家長對我的期望。

好了，就談這麼多吧。畢業考試後，我再給您寫信吧。

祝您

一切都好！

女兒　小茹

5月16日

# 我的母親

亞米契斯

安利柯！當你弟弟的老師來的時候，你對母親說了非常失禮的話了！像那樣的事，不要再有第二次啊！我聽見你那話，心裡痛得好像針刺！我記得，數年前你生病的時候，你母親恐怕你生病不會好，終夜坐在你的床前，數你的脈搏，算你的呼吸，擔心得以至於啜泣。我以為你母親要發瘋了，很是憂慮。一想到此，我對於你的將來，有點恐怖起來。你會對你這樣的母親說出那樣不該說的話！真是怪事！那是為要救你一時的痛苦不惜捨去自己一年間的快樂，為要救你生命不惜捨去自己生命的母親哩！

安利柯啊！你必須牢記！你在一生中，當然難免要嘗種種的艱苦，而其中最苦的一件事，就是失了母親。你將來年紀大了，嘗遍了世人的辛苦，必然會幾千次地回憶你的母親來的。一分鐘也好，但求能再聽聽母親的聲音，只一次也好，但求再

在母親的懷裡做小兒樣的哭泣，這樣的時候必定會有的。那時，你憶起了對於亡母曾經給予種種苦痛的事來，不知要怎樣地流後悔之淚呢！這不是可悲的事嗎？你如果現在使母親痛心，你將終生受良心的責備吧！母親的優美慈愛的面容，將來在你眼裡將成了悲痛的輕蔑的樣子，不絕地使你的靈魂苦痛吧！

啊！安利柯！須知道親子之愛是人間所有的感情中最神聖的東西。破壞這感情的人，實是世上最不幸的。人雖犯了殺人之罪，只要他是敬愛自己的母親的，其胸中還有美的貴的部分留著；無論如何有名的人，如果他是使母親哭泣、使母親苦痛的，那就真是可鄙可賤的人物。所以，對於親生的母親，不該再說無禮的話，萬一一時不注意，把話說錯了，你該自己從心裡悔罪，投身於你母親的膝下，請求赦免的親吻，在你的額上拭去不孝的污痕。我原是愛著你，你在我原是最重要的珍寶。可是，你對於你母親如果不孝，我寧願還是沒有了你好。不要再走近我！不要來抱我！我現在沒有心來擁抱你！

——選自《愛的教育》

## 星光寶盒

嫻靜　斯文　好勝　剛毅　乖巧　叮囑　頌揚　輕盈
掛念　珍惜　和諧　出色　榜樣　辜負　勝任　欠缺
歡聚　沉浸　笨拙　冒險　爛漫　伶俐　陶醉　舒心

忍俊不禁　隨心所欲　屏聲息氣　弄巧成拙
堅持不懈　漸入佳境　此起彼伏　心潮澎湃
愛不釋手　老當益壯　目光如炬　歷歷在目
同甘共苦　天倫之樂　敝帚自珍　奇珍異寶

立志須存千載想，閒談勿過五分鐘。

——沈鈞儒

# 吃豬肉

一個喇嘛想吃豬肉，但又不知怎麼吃法，就跑到肉鋪裡去請教。

肉鋪裡的夥計答道：「用刀剁碎，煮熟便可吃。」

「刀在何處買？」

「刀鋪裡去買。」

於是喇嘛在刀鋪裡買了一把刀。他右手執刀，左手拿肉，走在街上。不料，剛出城，猛地從空中飛下一隻禿鷲將肉叼去了。

喇嘛不去追鷲，卻仰首笑道：「哈哈！這隻傻鷲，你沒有刀，把肉叼去，我看你怎麼吃！」

## 考題設計

### 超級大腦

隨著克隆（clone 無性繁殖技術）技術和奈米技術的不斷進步，細胞晶片、DNA電腦的問世指日可待。把以人腦細胞為晶片材料的DNA電腦植入人體大腦，創造出「超級大腦」，已不再是神話。有一天，你的大腦就成為了這種「超級大腦」，於是，發生了一連串的故事……

### 我的國中生活

親愛的同學們，你就要小學畢業成為一名國中生了。新的校園是什麼樣的？有什麼樣的老師和同學？你準備怎樣去學習？想上一堂什麼課？希望參加什麼活動？……請你充分地展開想像，寫出你想像的國中生活是什麼樣的。

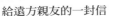

## 我的兄弟姊妹

班級就像一個溫暖的大家庭，每個同學都像自己的兄弟姊妹，他們有什麼與眾不同的性格特點呢?你們之間又有什麼有趣或難忘的事呢?請把他們中的一個或幾個的形象，通過具體的事寫出來，讓更多的人認識他們。

國家圖書館出版品預行編目資料

其實作文並不難／林藍老師著；-- 初版 .
-- 新北市：新潮社，2014.9
面；　公分 . --

ISBN 978-986-316-573-6（平裝）

1. 漢語教學　2. 作文　3. 寫作法　4. 小學教學

523.313　　103015805

**其實作文並不難**

**主　編　林藍老師**

〈企劃〉
益智書坊
〔出版者〕新潮社文化事業有限公司
〔總管理處〕新北市深坑區北深路三段141巷24號4F（東南大學正對面）
電話 (02) 2664-2511＊傳真 (02) 2662-4655／2664-8448
〔E-mail〕editor@xcsbook.com.tw
印前作業：普林特斯資訊股份有限公司

〈代理商〉
Creative Agency
創智文化有限公司

新北市23674土城區忠承路89號6樓（永寧科技園區）
電話 (02) 2268-3489＊傳真 (02) 2269-6560

2014年9月　初版　　Printed in TAIWAN